# 私たちに「戦後」はなかった

日常を戦場にするPTSD

There was no "postwar" for us.

尾添椿

光文社

Contents

# 第一話

# 満州建国従軍

——尾添《おぞえ》鷲人《わしんど》

取材元：祖父（尾添鷲人《おぞえわしんど》）

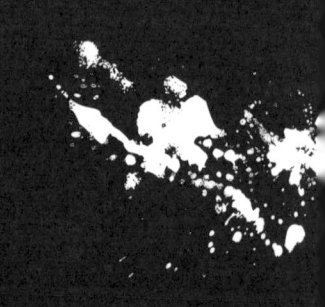

満州《まんしゅう》
現在の中国東北地方からロシア沿岸地方にかけての地域を指す呼称である
満州と聞くとまず「満州事変」を思い浮かべる人がほとんどだと思う
どうも尾《お》添《ぞえ》椿《つばき》です
エッセイやルポを主に描いている漫画家です
漠然としたイメージの満州ですが
満州事変が起きる前はどんな場所だったのか
20年前に聞いています

小学校４年生から
６年生の秋まで
祖父と暮らしていた
大正生まれ
職業は大工
戦争は２回経験
うち一度は従軍
祖父は常に目を伏《ふ》せ
俯《うつむ》いていた

左肩には大きな刀傷があり
痩《や》せ細った身体には傷痕《きずあと》が
たくさんあった

調子のいいときは
大工に園芸に
精を出していた

調子が悪いときは ずっと寝ている

※塘沽停戦協定…1933年5月に調印された関東軍と中国国民政府軍との停戦協定

祖父は1931年
満州建国の際に従軍
※塘沽《タンクー》停戦協定成立後
帰国
療養生活のち
尾添《おぞえ》家に婿入り
子供が2人生まれたあと
約2000キロ離れた
土地へ移住
検査結果は問題ないのですが…
夜中に「ここはどこだ中国か」って叫んだ日から…
私が11歳のある秋の日
循環器の検査で入院してから祖父の様子が変わった
おじいちゃん
椿《つばき》か
痛み止め持ってきてくれないか
どっか痛いの？

痛いんだ
親父に切られた肩が痛いんだ
?
親父の躾《しつけ》が厳しくて…
祖父の左肩にある大きな傷痕《きずあと》は
「戦争で負った」と周りも本人も説明していた
俺だけ日本刀を突きつけられて育った
何十年も経《た》つのに痛いんだ
祖父が体調を崩し寝込むようになってから
学校で満州のこと教えられるか?
あんまり
祖父は私に昔の話をすることが増えた

なんでみんな満州のことを話したがらないと思う？
？
酷《ひど》いことがあったから…？
みんな傷つきたくないからだ
満州は暴力が溢《あふ》れていた
見て見ぬふりをしないと誰かに恨《うら》まれる
満州で恨みを買ってはいけない
わかってたのになあ…
まんしゅうーこく〔マンシウー〕【満州国】
満州事変により中国東北地方を占領した日本が、１９３２年清朝最後の皇帝を執政として建国した傀儡《かいらい》国家
１９４５年、日本の第二次大戦敗北とともに消滅。
大正４年（西暦１９１５年）

15年しかなかった大正時代の4年目に祖父は産まれた
何らかの事情があり
8歳のときに親族である栂《とが》家に次男として養子に入り
養父に日本刀を突き付けられて育った
食べても殴られて吐くので
栄養が少なく常に痩《や》せていた
栂《とが》家は街一番の薬屋で大体のことは金で解決できた
栂の薬屋
衣食住はあっても家のモンは俺を守らなかった
志願兵になって家を出た

※元帥…今でいうところの
現場に出てくることはない、元締め組織の偉い人

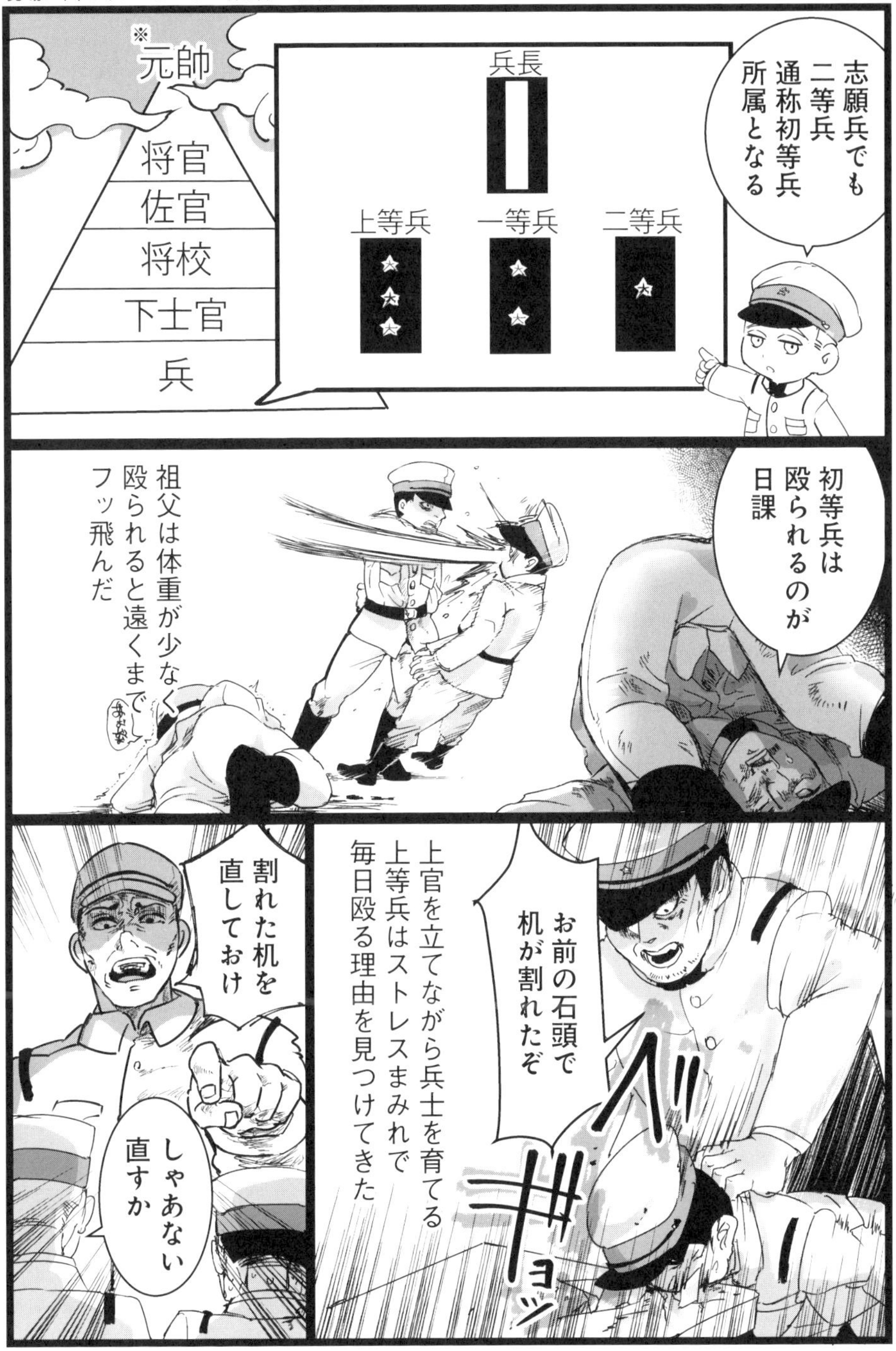

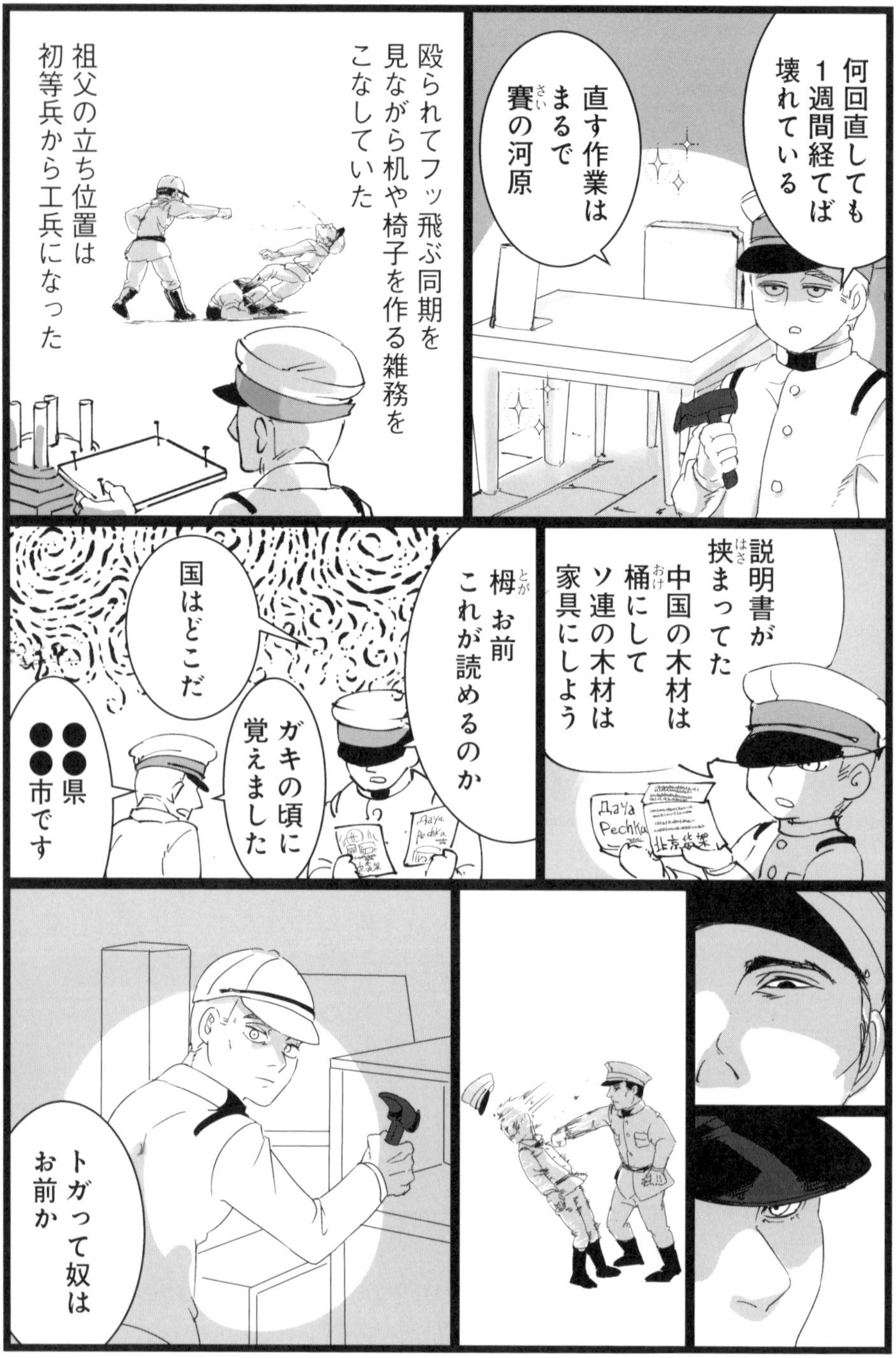

何回直しても 1週間経てば 壊れている
直す作業は まるで 賽《さい》の河原
殴られてフッ飛ぶ同期を 見ながら机や椅子を作る雑務を こなしていた
祖父の立ち位置は 初等兵から工兵になった
説明書が 挟《はさ》まってた 中国の木材は 桶《おけ》にして ソ連の木材は 家具にしよう
栂《とが》 お前 これが読めるのか
ガキの頃に 覚えました
国はどこだ
●●県 ●●市です
トガって奴は お前か

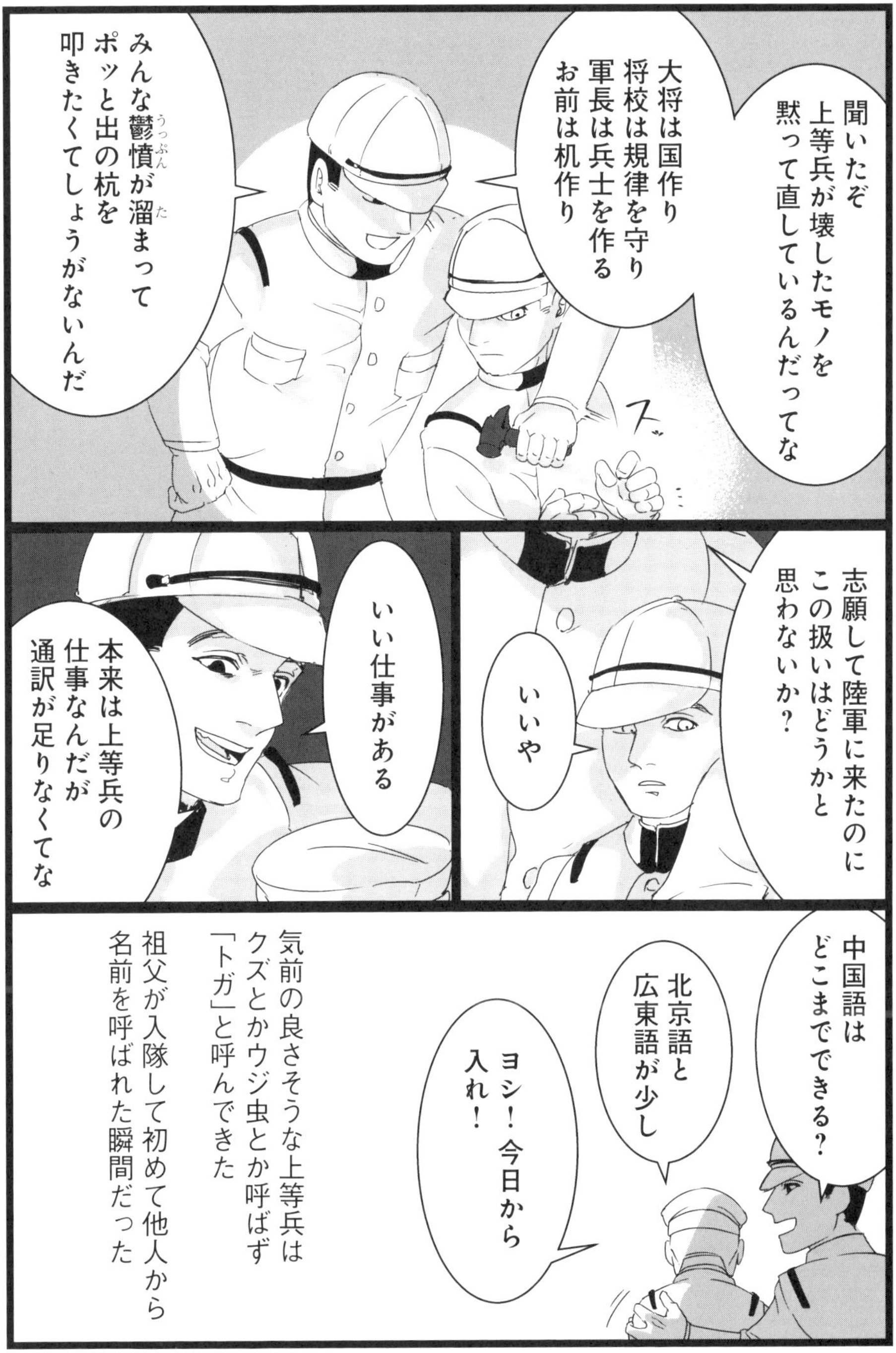
聞いたぞ 上等兵が壊したモノを 黙って直しているんだってな
大将は国作り 将校は規律を守り 軍長は兵士を作る お前は机作り
みんな鬱憤《うっぷん》が溜《た》まって ポッと出の杭を 叩きたくてしょうがないんだ
ズッ
志願して陸軍に来たのに この扱いはどうかと 思わないか？
いいや
いい仕事がある
本来は上等兵の 仕事なんだが 通訳が足りなくてな
中国語は どこまでできる？
北京語と 広東語が少し
ヨシ！ 今日から 入れ！
気前の良さそうな上等兵は クズとかウジ虫とか呼ばず 「トガ」と呼んできた 祖父が入隊して初めて他人から 名前を呼ばれた瞬間だった

翌日
上等兵に連れていかれたのは軍が借り上げている一軒家ふたつ
の、後ろにある小さな一軒家みっつ
あの3軒にある取調室に中国人が来たら通訳するんだ
立ってるだけでいい
将校たちの休憩や仮眠に使われる家
この取調室に来る中国人の言葉を必要なときに訳せ
入って数日は何もなかった
何もしなくても少しの駄賃と食料を渡された
数日後には上官が飯を奢《おご》ってくれて人生で初めて腹いっぱいまで食べた

おい！通訳しろ！
万引きした手の腱を切ったところだ
ただの万引き犯じゃないぞ
コイツの姉は日本人の子供ばかり狙う卑劣《ひれつ》な誘拐犯
姉の居場所を聞き出せ！
お前の姉はどこにいる
姉はロシア人に連れていかれた
どこにいるか知らない！

姉はロシア人に連れていかれたから知らないと言っている
ロシア人…もう少し吐かせるか
グイッ
ぐっ
ロシア人の特徴を聞き出そう
強盗事件のあいつじゃないか
姉の特徴を聞き出すほうが先じゃないか？
言葉がわかるなら助けてくれ！
弟と妹が餓えて死んでしまう！
こうしなきゃ生きていけないんだ！
今のも通訳してくれ
命乞いか？

※陸軍教化隊。大日本帝国陸海軍の部隊の一つ。
犯罪傾向の強い兵士や脱走兵などを集めた部隊

こいつどうするんですか？
コイツらオレを殺す気だ
いやだ
やめろ
無視しないでくれ
※懲罰《ちょうばつ》が来るまで縛《しば》っておく処分はそっちに任せる決まりだ
こっちは悪者を捕まえることと悪者の縄かけが仕事だ
姉とロシア人の関係を聞け
祖父は仕事をした
ロシア人の人相まで聞けたな！大手柄だ！
トガがいなきゃ進まなかった！
食え食え奢りだ！
うまい
養父の暴力で荒《すさ》んだ祖父の自尊心は少しだけ回復した

満州は建国にあたり
暴力が横行
今でいう闇バイトや
違法賭博、薬物、人身売買が
多発
取り締まるのは陸軍と
懲罰部隊の仕事だった
こいつ下っ端
じゃねえか
豚の餌《えさ》にするぞ
トガァ
体重かけろ
ドッ
バキッ
ゴッ
軍人が取り調べてから
警察へ輸送する
同時に「容疑者が潰《つぶ》れた」
ことによって
「なかったこと」にするのも
仕事だった
慣れないと
勤まらないぞ
やらなきゃ
やられる
トガが選んだのは
こういう仕事だ
日本に仇《あだ》なす者は
全員始末しろ
豚みてえな
声だな!
半殺しになる
悪党を見て
笑えないと
殴られた
笑えェェ

全員分の昼飯を持ってこい
昼飯の買い出し 見張り当番の交代 雑務の使いなど
わずかな時間だけ 満州の街を自由に歩く ことができた
俯《うつむ》いてたから 景色は覚えてない
『イェルピン』という街らしい
たぶん魯北《ルーペィ》が訛った発音だと思う
あの日本兵
またこの道を通《とお》っていった
迷子？
軍の土地は
路地四つ向こうなのに
一昨日はラーメン
6人前を持って
歩いてた
へー
熱いラーメンを持っていくと
投げつけられるから
冷ますために歩いているんだ
文具屋の中国人と 問屋のロシア人
優しくて善良な二人と 顔を合わせて話す時間だけは 自分でいられた

中国語とロシア語を覚えていてよかったと思ったのはあのときだけだ
そもそも…どうして暴力があったの？
命令だけじゃ駄目なの？
？
抑止力になるからだ
暴力がないと悪さをする奴が大勢出てくる
だからといって暴力を振るって歩いてはいけない
あの頃の満州は暴力がないと生き方が選べなかった
弱者にも悪者にも平等に暴力を与える機会が存在したから
みんな満州の存在を忘れたがっている
こっちの言葉がわかるんだな
俺の祖母が英語を話していた影響で外国語の理解は早いんだ
じゃあわかってくれるか

わかってても公の立場からできることはない
暴力の片棒を担《かつ》いだからには暴力に染まっていく
みんな大変だからっていう理由をつけて苦しみに疑問が持てない
「なかったこと」にされる覚悟がないのに暴力を娯楽だと思い込んだ
それを思い出すと頭に霧がかかる…
身内を始末されたパルチザンの●助は俺に報復する道理があった

パルチザンだ!
通訳を狙った
内通者がいる!
洗い出せ!
止血しろ!
暴力には暴力しか
与えられないし
許せないことに
人は怒る
誰もが穏やかに
生きたいのに
時代がそれを
許さなかった

祖父は撃たれたあと激しく体調を崩し医務室にこもりがちに
上の会議の通訳が必要だ
明日のために栄養剤を打っておけ
ロクでもない栄養なのはわかっていたけど打つしかない
この頃から軍の敷地内に死体が転がるようになった
次の日には消えているんだが…
夜だけ地面を柔らかくする泥妖怪の怪談が広まった
それ妖怪だったの？
まさか！
蚊は死体に寄ると
死体の病原菌も持っていく
その蚊が他の人間の血を吸う
死体の中にいた病原菌に感染する

マラリアに感染すると
まず黄疸《おうだん》
程なくして発熱
手足の震え
死体が翌日
綺麗に消えても
死体にたかった
ハエが持っている
赤痢菌が消えない
上と下から排泄が
止まらないのが
赤痢
ヴォエッ
泥の
妖怪が……
泥の妖怪
マラリア・赤痢
当時の
衛生状態……
体力を擦《す》り減らしながら
通訳に従事
1933年
塘沽《タンクー》停戦協定成立
国のために
よく努めた!
療養しろ!
訳:使い物にならないから
この金と勲章で満足して帰れ
栂《とが》の次男
生きて
帰ってきた
でも相当
弱ってる
生き恥じゃな
死んだ方が
マシだ
その身体で
栂《とが》家に居座るな

※1908年〜1941年までブラジル政府は日本移民を受け付けていた

祖父は大工へ転職
祖母は道場師範と生花講師を続けた
常にモノがなくて大変だったけど生き延びることはできた
父（2歳）
1945年8月15日終戦
んーぶ、
日本新聞
廣島へ
しばらく景気もよめないねぇ
終わったのか…
フワ
頭の中の霧は
塹壕《ざんごう》のにおいがする
耳を銃声が掠《かす》めそうな
におい

祖父
PTSD発症

キャッ
てててっ
ギュッ
もちろん当時は
そんな概念はなく
心療内科もない
フラッシュバックと
感情の爆発による
パニックで暴れては
子供、とくに長男を
ブン殴る祖父を
祖母がブン殴って止める
ルーティンが完成した
祖父※の身長は170㎝前後
祖母の身長は180㎝近くあり
合気道で鍛えた腕力で
元兵士の祖父を一撃で
気絶させることができた

※大正時代の成人の平均身長は男性は162㎝、女性は151㎝。祖父・祖母ともに遺伝的に大きかった。

おやじ
オレ暖炉《だんろ》やる
おう
やってみろ
火かき棒で
人の焼き方を
子供に教えるのか
黙れ
あくだれもん
がァ

撃たれたときの
身体がフッ飛んだ
ドン！って音が頭の中を包んで
崩す
何度も何度も
突然俺を包んでくる
いい親父には
なれなかった
誰かに攻撃しなきゃ
戻れなくなる気がして…
子供に当たって…
大人の責任を
子供が負うだけじゃない
他人に
同情できなくなったら
戦争は始まってる
急に世の中が
変化したら
気をつけろよ
酷《ひど》いことは
国民の余裕を
なくしてから
起きるもんだ

同情? どういう意味?
小学5年
余裕がなくなるってことだ 余裕がなくなると人にやさしくしたり話したり前はできていたことができなくなる
俺は余裕がなかったから強くなかった
強さってのは力の話じゃないぞ
新聞に書かれていることを鵜呑《うの》みにしないで自分で考えて答えを持つ
その答えを守れることが強さになる
強い人間には余裕が生まれる 他人に優しくなれる 一文無しで学がなくても自分にできることがわかれば仕事が見つかる
ただ同情して助けようとするな 同情は救済にならない

好きなことを仕事にする
準備はできるように
国語と歴史は
勉強しておけ
以上が
私が覚えている話である
小学5年生の私は
映画や本を楽しむことが
できたから
祖父の話をここまで
聞くことができたのだと思う
程なくして
祖父に変化が訪れた
おじいちゃーん
プリン食べる？
？
※
東郷部隊の
捕虜から
奪ったモンか？
毒味は済んだのか？
ロシア人の子供にしちゃ
日本人みたいな
顔してるな
あぁ
椿《つばき》か…
おまえちゃんの
七人目の
孫

※関東軍防疫給水部。通称731部隊の指揮官は設立初、東郷ハジメという変名を用いていた

英語…じゃない
ロシア語？
このあたりに住んでる大男とパルチザンの女は見かけたか？
両者日本語を使う故《ゆえ》に東郷の関係者だ見かけたら農村まで逃げろ
母
父
パルメザーン？
パルチザーン？
大男
それはそう…
とうごう??
このへん敵いないから寝てていいよ
プリンうまい
そうかオヤツありがとうな
……
おじいちゃんの昔の話…本当なのかな？
ボケてるだけかもしれないけどもし本当なら…
こういうことが増えた矢先のある日
ガシャ
伍長に連絡したのか!!

軍曹風情が気取るな！●●畜に阿片《アヘン》を捌《さば》いてこい！
親父落ち着け！
我ら下士官は日本に仇《あだ》を成す●●畜を始末できるとしか言われてない！
おい親父何言ってんだよ軍曹って
国のために俺らがどれだけ手を下したか知ってるか！
何人始末しても生き残った人間が正しい！
正義にしないと俺は死んでしまう

※だんびに…「いつもいつも」という意味の方言
※どくされもん…「放蕩者」という意味の方言

ガク
へな
へなっ
軍は野良犬にも首輪と餌《えさ》をやったのに
俺が貰《もら》ったのは怪物なんだ…

それから
3か月後
祖父は亡くなった
おじいちゃん
引き出しに
何のメモを…
しかも
中国語とロシア語
混じってるし…
心的外傷後ストレス障害が
広く知られるようになった
今でこそ語れる
翻訳辞典と
電子辞書を
片手に
読むしかない！
ほんやく Lv.1
頭に張り付いて離れない
思考が歪《ゆが》んでも忘れることもできない
ロシア語…
「貨物船に乗せろ」
中国語で
「遠くへ行きたい」
「日本、ブラジル」
ほんやく Lv.1 じてん
ほんやく
身体も弱って病に伏しても
追いかけてくる「それ」の名前が
周知されたのは最近

後半は日本語だな…
「肩が痛いので痛み止めを飲む、14時」
「大きな男が部屋にやってくる自分の息子だった」
ぼけてんじゃん急に悪くなって逝《い》ったのと関係してるかな?
ニゲタイ
コロサレタクナイ スマン
トラウマという最強の殺し屋は祖父を逃さなかった

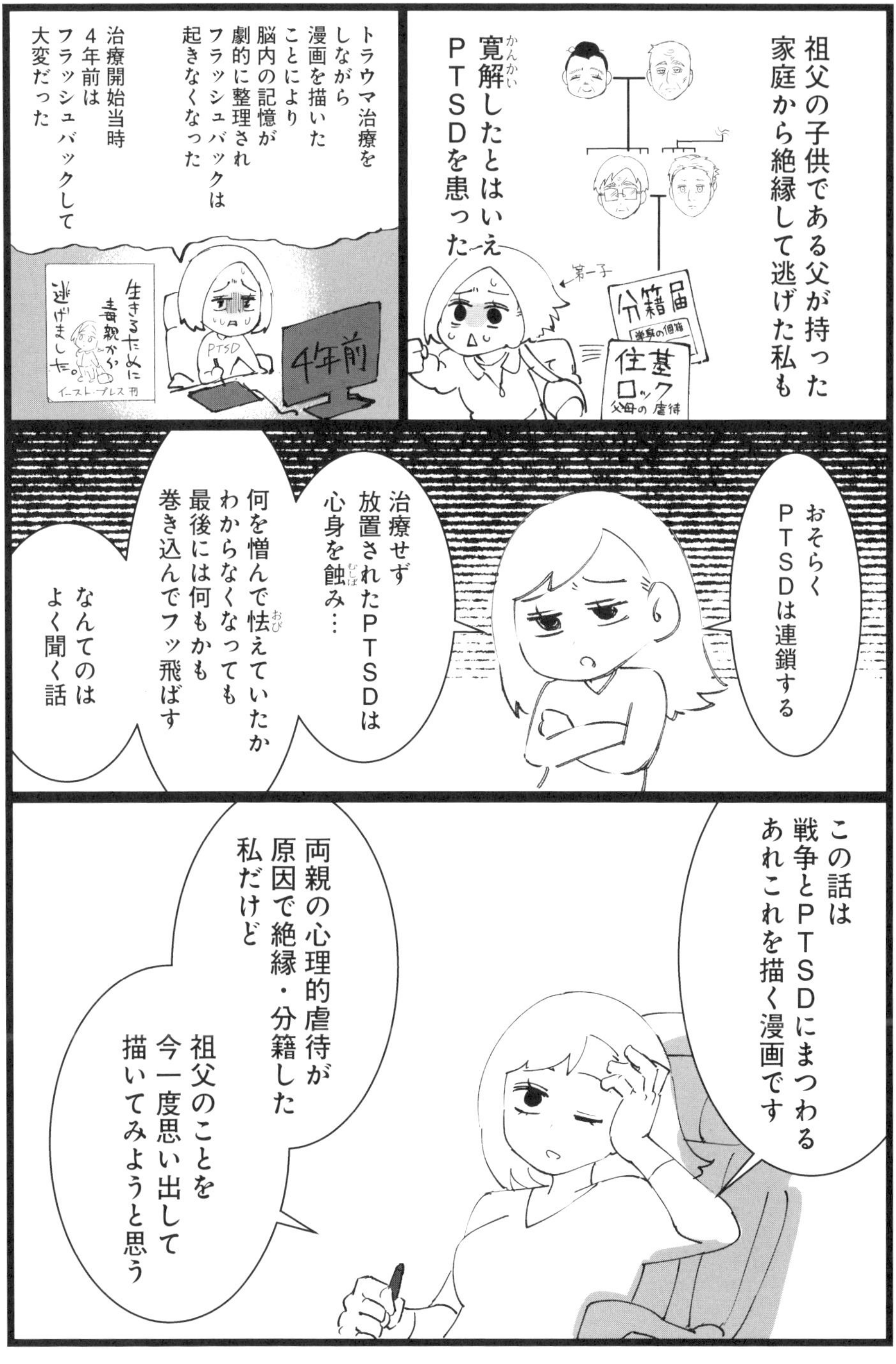

祖父の子供である父が持った家庭から絶縁して逃げた私も
寛解《かんかい》したとはいえPTSDを患った
第一子
分籍届
住基ロック
父母の虐待
トラウマ治療をしながら漫画を描いたことにより脳内の記憶が劇的に整理されフラッシュバックは起きなくなった
治療開始当時4年前はフラッシュバックして大変だった
4年前
PTSD
生きるために毒親から逃げました。
イースト・プレス刊
おそらくPTSDは連鎖する
治療せず放置されたPTSDは心身を蝕《むしば》み…
何を憎んで怯《おび》えていたかわからなくなっても最後には何もかも巻き込んでフッ飛ばす
なんてのはよく聞く話
この話は戦争とPTSDにまつわるあれこれを描く漫画です
両親の心理的虐待が原因で絶縁・分籍した私だけど
祖父のことを今一度思い出して描いてみようと思う

# 第二話

# 満州引き揚げ

——御《み》子《こ》柴《しば》尋《ひろ》一《いち》

取材元：御《み》子《こ》柴《しば》麻《ま》友《ゆ》子《こ》さん

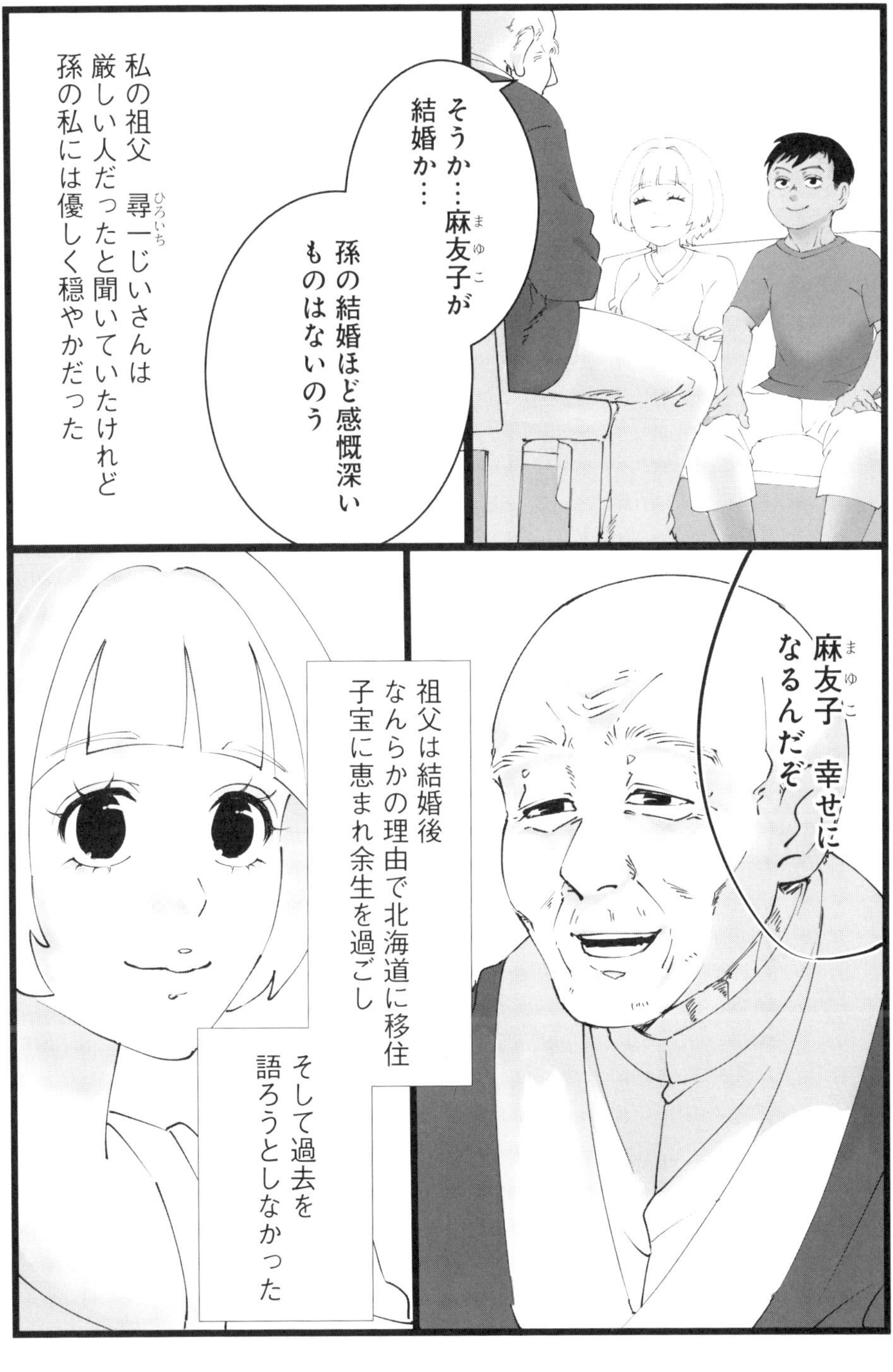

そうか…麻友子《まゆこ》が
結婚か…
孫の結婚ほど感慨深い
ものはないのう
私の祖父　尋一《ひろいち》じいさんは
厳しい人だったと聞いていたけれど
孫の私には優しく穏やかだった
麻友子《まゆこ》　幸せに
なるんだぞ
祖父は結婚後
なんらかの理由で北海道に移住
子宝に恵まれ余生を過ごし
そして過去を
語ろうとしなかった

祖父は博才《ばくさい》があり
地元 長野県から北海道に移住後
農業で儲《もう》けたあと
所有する土地のひとつが
施設建設のため国に
買い取られ
大金を得た強運の持ち主だ
努力もしているだろうに
祖父はいつも
俺は
運だけだ
そう言う人だった
あと異様に足が速い
100m
10秒台
これは運じゃ
ないかも
しれない
ばばば
しゃっ
10:01
徴兵されたときも
役に立ったのは
足の速さくらいで
若いときは
しんどいこと
ばっかりだったなあ…
まあ今は子供たちも
孫の麻友子《まゆこ》も
みんな幸せだからいいか

祖父はテレビで外国人タレントが映ったり何かとあるたびに
●助は野蛮人だ関わるモンじゃない
シ●●●ンの殆ど《ほとんど》が言葉を理解するだけの右ならえの畜生だ
外国人が嫌いなのは透けて見えた
そのたびに
おじいちゃん戦争行ってたから
そう聞かされた
だから結婚相手のルーツに口を出すと思っていた
地元は川崎です
おお川崎！古い友人が川崎に住んでいてな…
※ピンパブ帰りの酔っぱらいが※ドヤに爆竹投げてるのを止めて警察呼んだりしたなあ
いや〜俺の母ちゃんが飲ませてすいません
フィリピンか！ベトナム人かと思ったわい
母親がフィリピン人だけど生まれも育ちも日本で就職も地元で…
嫌悪感を見せていない

※ピンパブ…日本において主にフィリピン人が接客するパブ、飲食店
※ドヤ…日雇い労働者が多く住む街のこと。ここではホームレスのテントを指す

おじいちゃん外国の人嫌いだと思ってた
あ？●助とシ●●●ン●●●は嫌いだぞ
うちの人のこともっと嫌がるかと…
本音を言えばフィリピン人もベトナム人も好きじゃない
でもその子供たちってなると話は違うだろ
戦争で人間の汚いところを見すぎた
どの国の出かより性格のほうが大事だと思えない
親は外人でも育ちが日本なら日本人だ
…それでも間の子だと思うやつは思うから相手の気持ちを大事にな

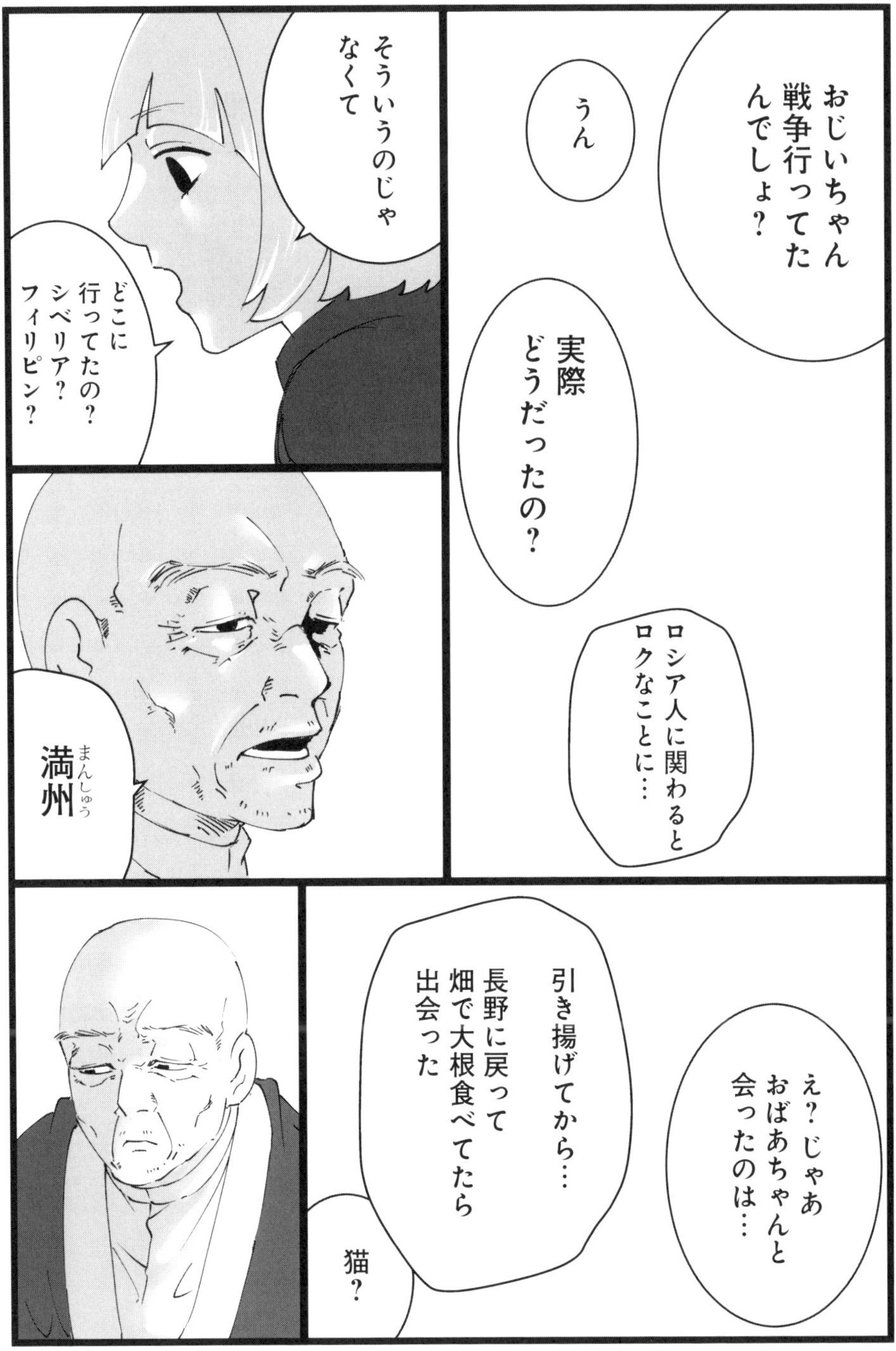
おじいちゃん
戦争行ってたんでしょ？
うん
実際
どうだったの？
ロシア人に関わると
ロクなことに…
そういうのじゃ
なくて
どこに
行ってたの？
シベリア？
フィリピン？
満州《まんしゅう》
え？じゃあ
おばあちゃんと
会ったのは…
引き揚げてから…
長野に戻って
畑で大根食べてたら
出会った
猫？

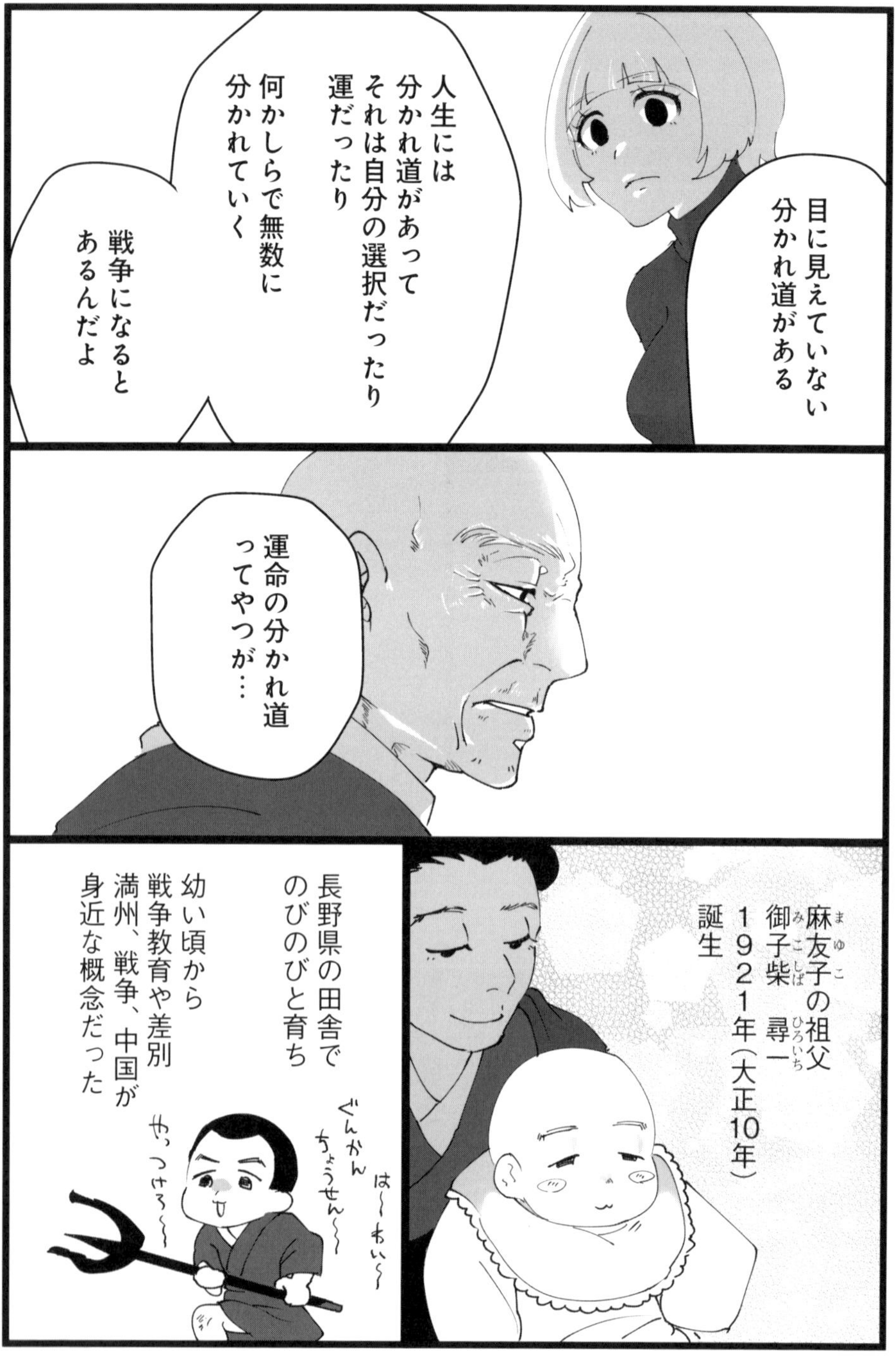
目に見えていない
分かれ道がある
人生には
分かれ道があって
それは自分の選択だったり
運だったり
何かしらで無数に
分かれていく
戦争になると
あるんだよ
運命の分かれ道
ってやつが…
麻友子《まゆこ》の祖父
御子柴《みこしば》尋一《ひろいち》
1921年（大正10年）
誕生
長野県の田舎で
のびのびと育ち
幼い頃から
戦争教育や差別
満州、戦争、中国が
身近な概念だった
は〜おい〜
ぐんかん
ちょうせん〜〜
やっつけろ〜〜

1945年（昭和20年）
終戦間際に召集され
満蒙《まんもう》開拓団の農耕兵として配属
ここまで
吉林省 開拓班
俺より前の隊はシベリアに連行される羽目になったと聞いた
運が良かった
一歩違ったらシベリアだった
満州かあ～ 知り合いに会ったら気まずいの
長野《じもと》じゃ満州で一発当てに渡ったモンがぎょうさんおる
顔見知りが中華を食ってたら分けてくれ
当時の百姓は貧しく満州での農業で当てる「満州ドリーム」の概念が存在した
お前どこからきた
山梨
そりゃもう満州のほうがマシだわな
これが終わったら川崎に行くんだ
それ言うの縁起悪いぞ
満州に配属されたことが御子柴《みこしば》さんの運命の分かれ道だった
人生には分かれ道が山ほどある
あとになってから分かれ道に気付くから
俺は運だけの人間だ

この召集
何の意味があると思う？
特にないだろ
満州は日本だ
そうだろうか
ロシア人と中国人に
囲まれた土地で
日本の常識が通ると思えない
知ったような口を
叩くな
上等兵に聞かれたら…
お前も
気付いているだろ
日本は負ける
ああ
だからわからないんだ
こんな雑用も
政治も
今までいた奴が
やればいい
若いのが
狩りだされた
意図が必ずある
まあ
どうにか
なる！
切り替え
はっええなあ…
田舎じゃ
切り替え鈍いと
腐るもんでな！

何のための
仕事か
わからない
一体何のために
我々はここに
上官に
聞いたものは
豚の飼育係に
なった
何らかの意味が
あるはずだ
何の意味もないことの
ほうが珍しい
考えろ
考えろ
考えろ
!?
俺のせがれだ

満州に渡って妻と出会って今じゃ軍曹だ
ここなら故郷と違って食っていける
この子に読み書きそろばんを教えることができる
俺は※木曽《きそ》の出なんだ
同郷の上官は尋一《ひろいち》とその同期を何かと気にかけた
住むってことは所帯を持つモンも出てくる
子供も生まれるし大事なものも増える
でもそれはいいこととは限らない
どういう意味？
真っ先に死んだのは家族がいる奴らだ

※木曽…長野県西部

毎日毎日
似たようなことの
繰り返しだったから
満州で何をしてたか
覚えてないけど
昨日のことのように
思い出せる
1945年（昭和20年）
8月9日
ソ連が南樺太に
侵攻し始めた
じき満州も
侵攻される
満州には民間人が
大勢いる
ソ連兵を討ち
民間人を守れ
召集されたのは
このためか
その場にいた全員が
そう思っただろうけど
何ひとつ言わず
命令に従がった
話と違うじゃないか
これは侵攻じゃない
チチハルまで
来てる！
何だって
いうんだ！

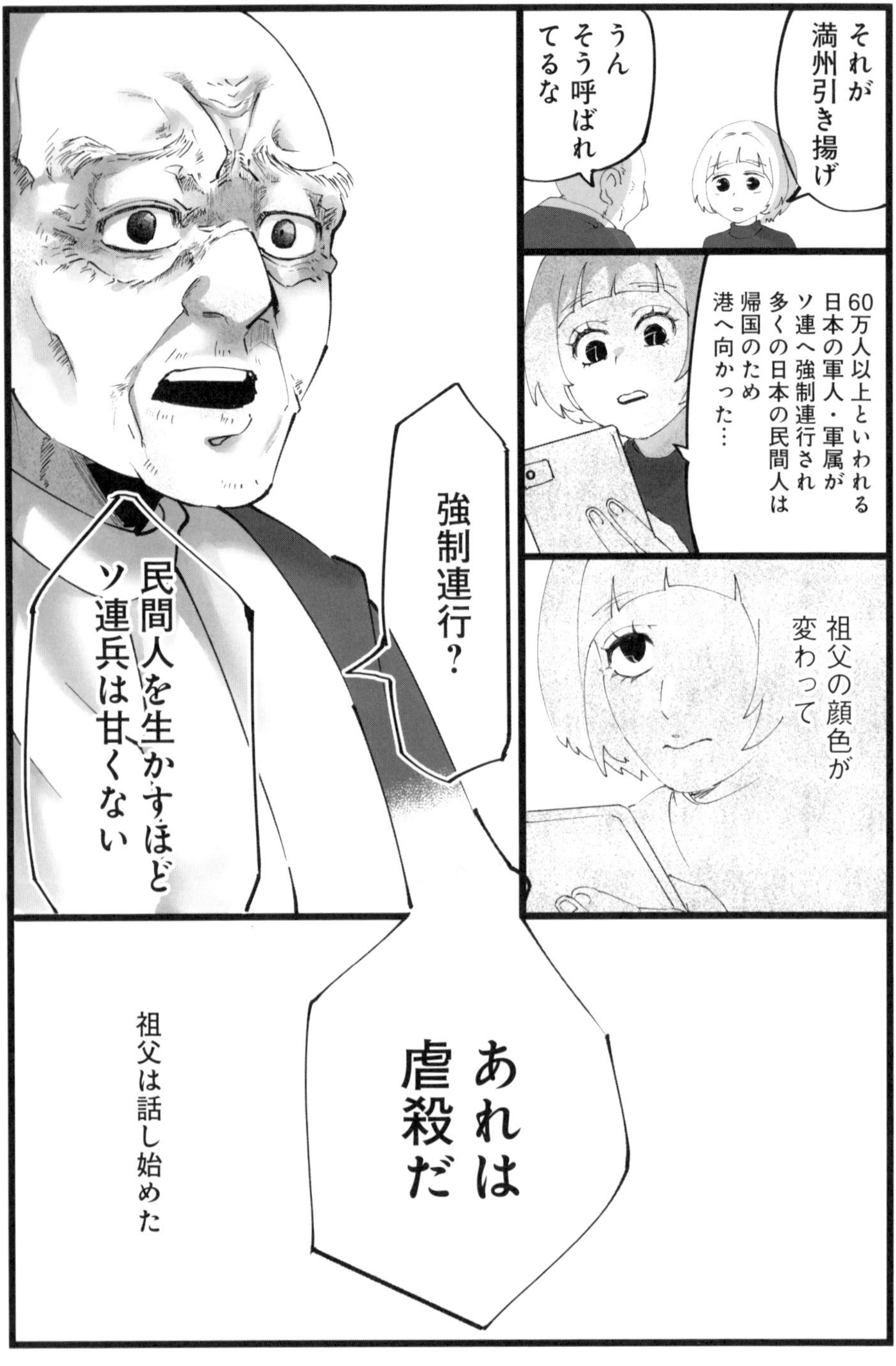
それが満州引き揚げ
うんそう呼ばれてるな
60万人以上といわれる日本の軍人・軍属がソ連へ強制連行され多くの日本の民間人は帰国のため港へ向かった…
祖父の顔色が変わって
強制連行？
民間人を生かすほどソ連兵は甘くない
あれは虐殺だ
祖父は話し始めた

チチハルは血の海だ
ソ連兵が日本人の死体の山の上で寝てやがる
金持ちは逃げだしたが農民はもう…
負けてんだよもう無理だ
中国人も日本人を殺し始めた
一人でも多くソ連兵を食い止めて民間人を逃がせ
御子柴《みこしば》
頼む
俺は逃げられない
家族がいる
妻は…故郷も家族も満州なんだ
お前は一人モンだ
この子が生き延びるにはお前についていくのが一番現実的だ

せがれを頼む
吉林《きつりん》省郊外から子供を連れて走り抜けるまで
ソヴィエト連邦
満州国
チチハル
ハルビン
長春
吉林
奉天
北京
天津
大連
旅順
朝鮮
日本
二日 寝ずに走り
大きな分かれ道に辿《たど》り着いた
鳥の声じゃない
銃声だ
このとき
右の道に行けばソ連兵と
かち合っていたという
勘で選んだ道は
農村につながっていた

大根
食うか？
ふるふる
お前にも
なんか食わせねえと…
おい！ 日本兵が
子供を連れている
おいで！どこから
来たんだい？
チチハルか？ハルピンか？
ソ連兵は日本人をあらかた
殺して北上していった
カチ合わなかったのは運がいい
明日の朝には
ここを出て
港に向かえ
あの農村に
ソ連兵が来たら
差し出すつもり
だったかもしれない
そうだったとしても
助けられた

あんたの子か？
日本まで連れていくのか？
朝鮮の貨物港だ
闇市の船に忍び込めば確実に日本に帰れる
農村を駆けろ
俺たちは納屋にいて
あの夫婦は寝ている間にソ連兵に殺された
この子は納屋で夜泣きをしなかった
これも運が良かった

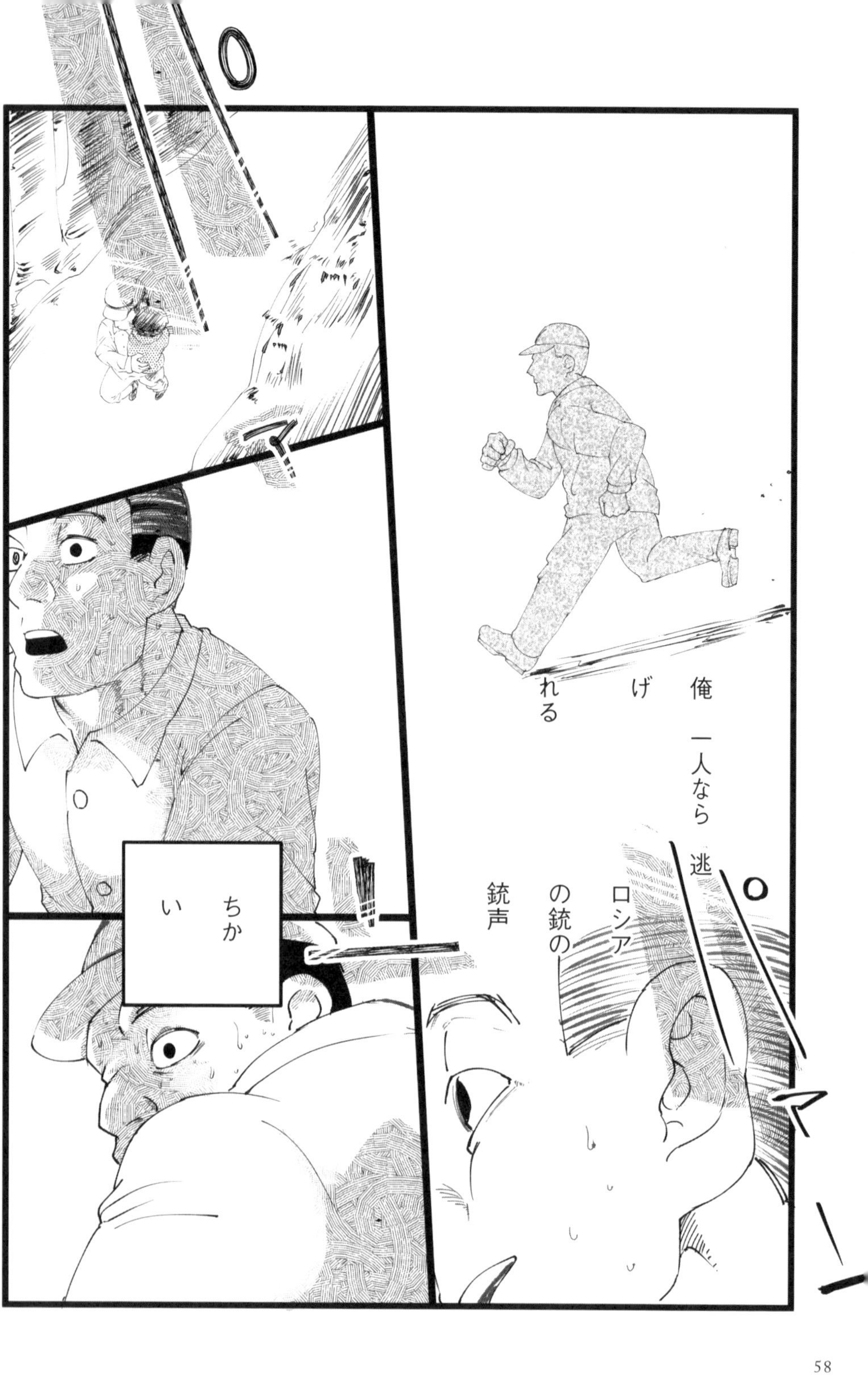
俺一人なら逃げれる
ロシアの銃の銃声
ちかい

ソ連 追手
2キロ先に船
こっちに来る
迷うな 時間が追手と共に迫る
日本行きの船
次はいつ来るか
わからない

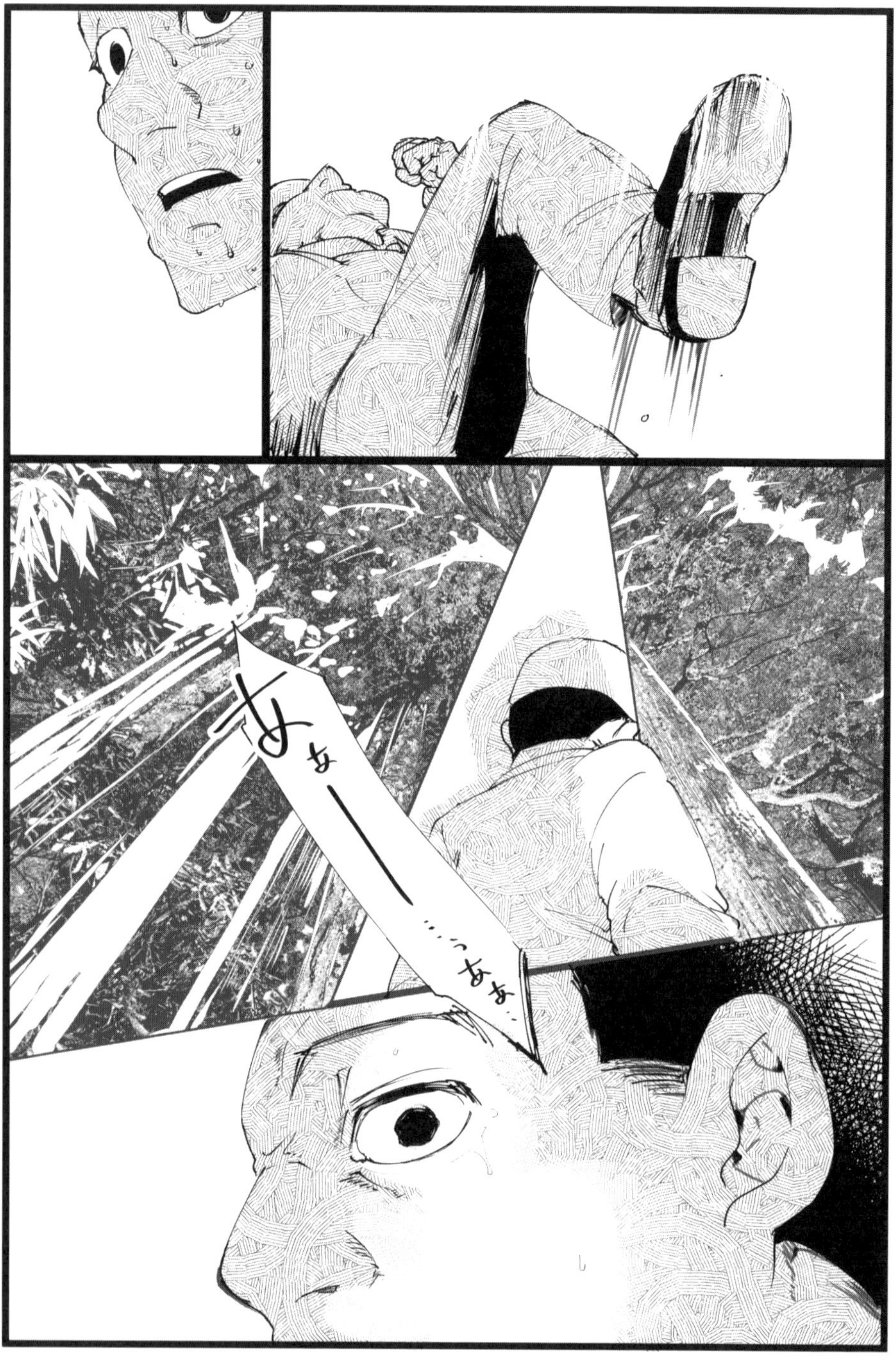
あぁー……っああ…

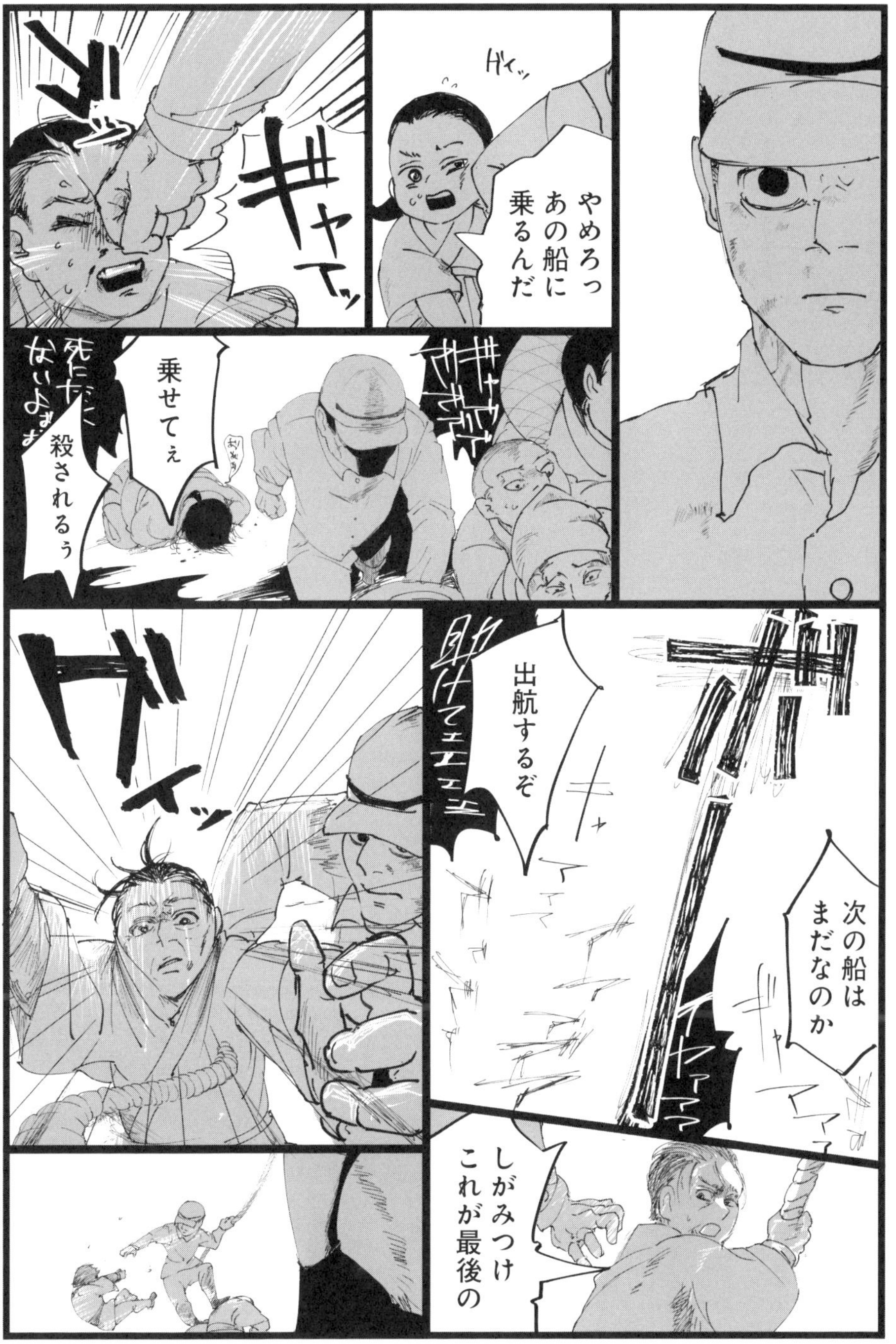
やめろっ
あの船に
乗るんだ
ギャアッ
乗せてぇ
殺されるぅ
次の船は
まだなのか
出航するぞ
しがみつけ
これが最後の

お

俺がっ
背負ってる
命の
数はっ

お前らと
違う
ん
だよおおおおお!!

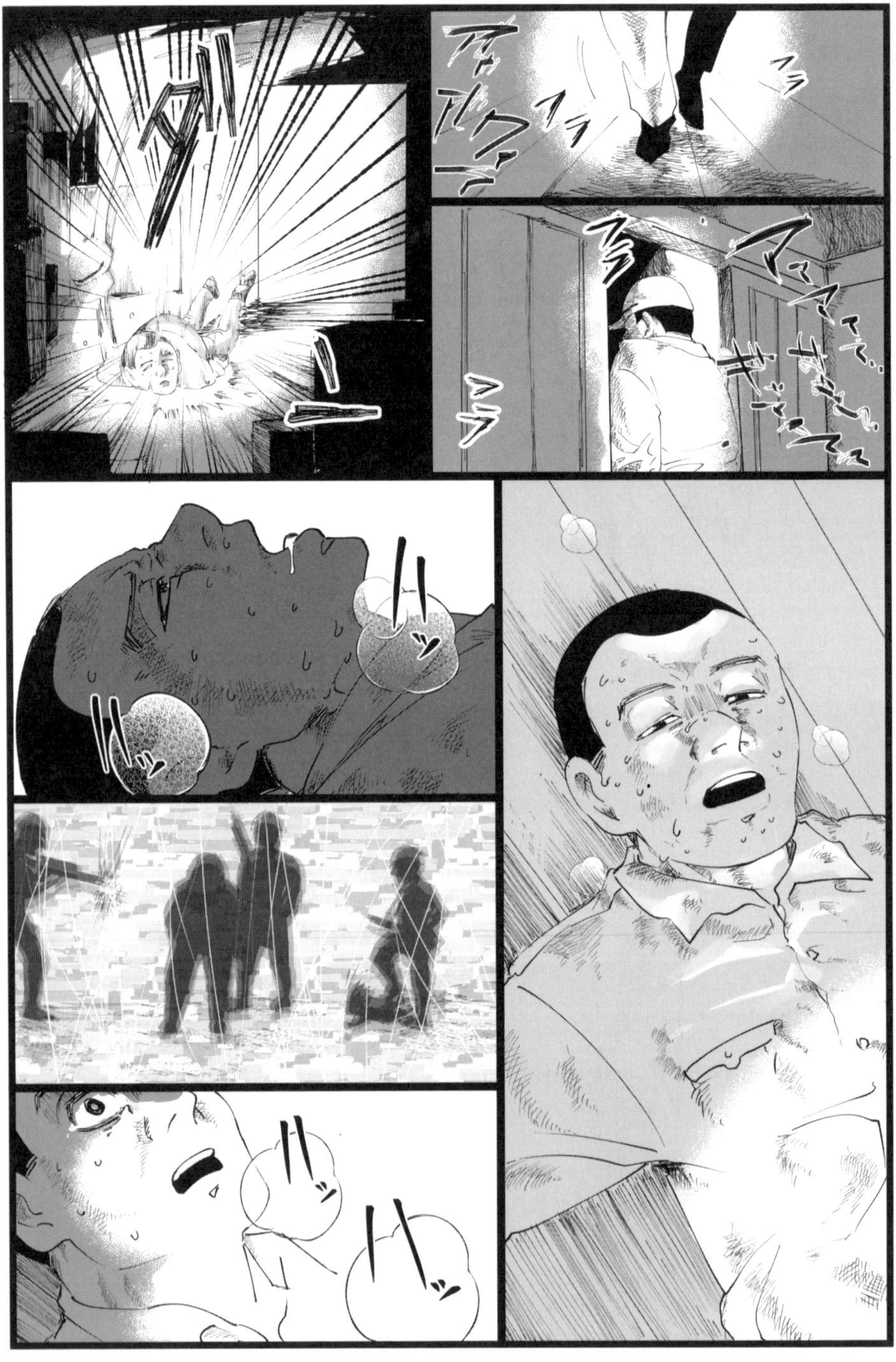
ダッ
フラ
アゥアゥァー
フラ
ママァてぇ..
フラ
フラ
ハッ
ハッ
ハッ
ハッ

船の中では
荷物に紛れて
盗んだ大根を食って
飢えをしのいだ
舞鶴港に着いたあと
どうやって長野に戻ったか
思い出せない
なんの気力も
なくて
満州と同じように
畑にある大根
かじってた
お父さーん
兵隊さんが畑に
いるよー!!
そこで出会った
女性と良い仲になって
駆け落ちした
ばりぼりばり
ぼりり
駆け落ち!?
そりゃそうよ

戦争に負けて景気は読めないし俺は満州帰りの兵隊
駆け落ち
北海道
みーんなピリピリしてめでたいことを祝う余裕もない
それからは上手いことといったが…
召集され隊を分けるときに一列でも前にいたら
もし満州で所帯を持っていたら
左右の分かれ道を右に行ってたら
納屋で寝てるところを見つかったら
上官の子供を畑のド真ん中に置いていかなかったら
俺はここにいない
子供も孫もいない
わずかな選択で人生は無数に広がっていく

俺がここまで生きたことに何の意味がなくても
大事な人がいることには意味があると思う
背負った命の数が他と違っただけってのは
戦《いく》さの中でマシなものを運で取ってきたってことだ
戦争は二度と起きてほしくないと思う？
いや わかんねえな
そもそも戦争ってまだ終わってねえだろ
外人見て嫌な顔する俺みたいな老人がいる時点で戦争は終わってない

どの国も色んな人間を受け入れて発展してきた
それと同時に他民族同士が仲良くやれるかって話は別物なんだ
一人ひとりにできることはないに等しくとも大事なものを守るために仕事をして食べて稼いで眠る
それでいいんだ
麻友子《まゆこ》
自分で選んだ未来は自分のものだからな

俺は働くことを選んだ
何もない
死ぬときは畑で死にたい
開墾《かいこん》した畑の真ん中で

じじ、
もっと話を聞けばよかったな
ギュッ
御子柴《みこしば》 尋一《ひろいち》　1921〜2017 肺炎にて死去 享年96歳

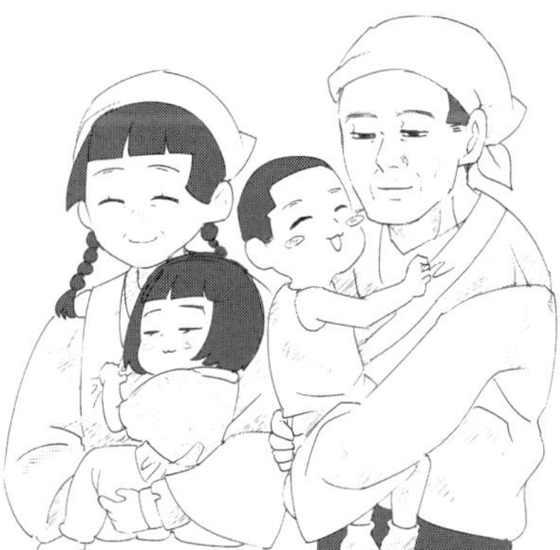

# 第三話

# 文化大革命

――李《リ》花《ホワ》順《シュン》

取材元：小笠原はるきさん

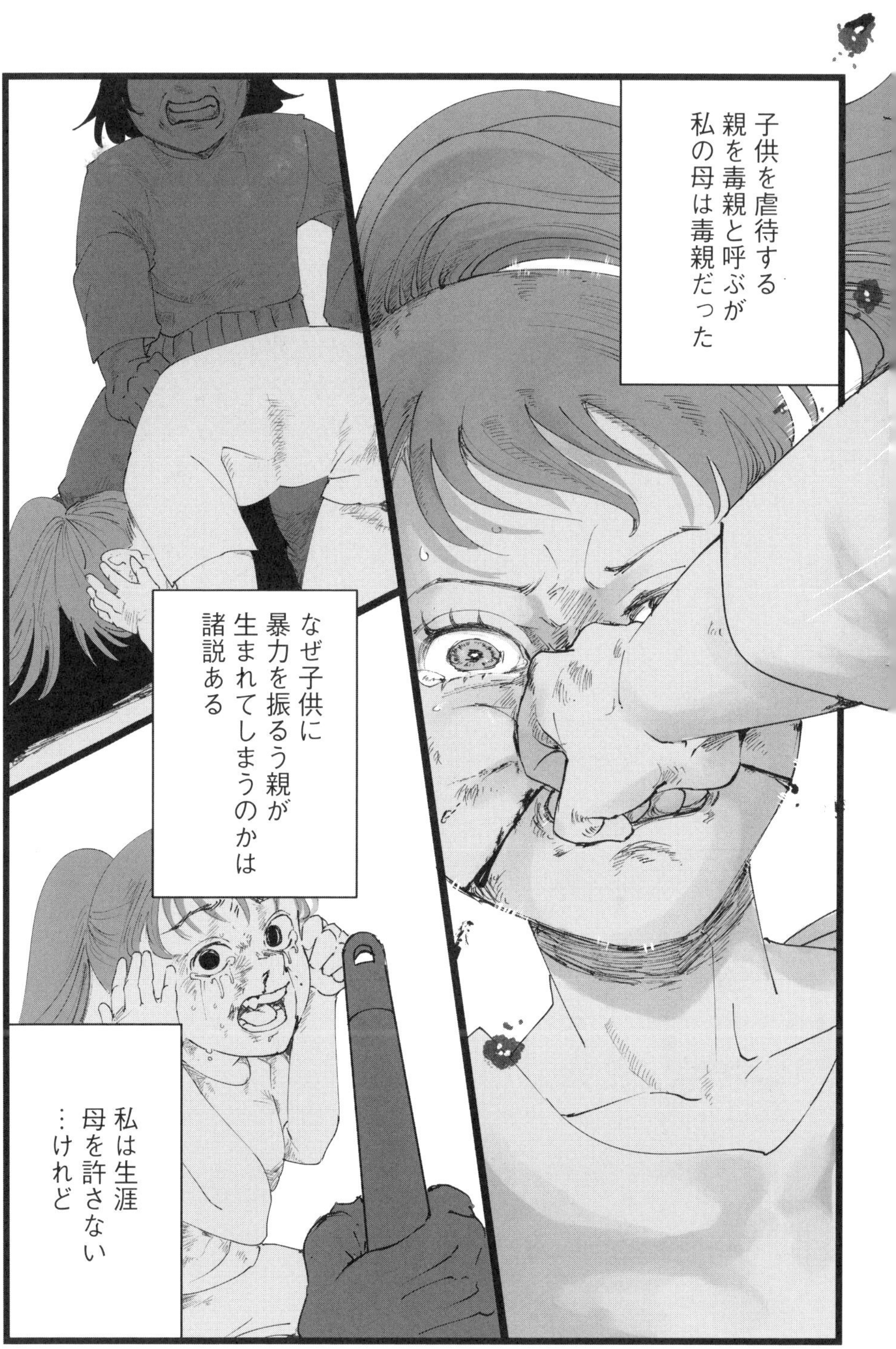
子供を虐待する
親を毒親と呼ぶが
私の母は毒親だった
なぜ子供に
暴力を振るう親が
生まれてしまうのかは
諸説ある
私は生涯
母を許さない
…けれど

Wikipediaより

文化大革命
中華人民共和国で1966年から
1976年まで続き
1977年に終結宣言がなされた
中国共産党中央委員会主席
毛沢東《もうたくとう》主導による「文化改革運動」を装《よそお》った
政敵・劉少奇《りゅうしょうき》からの
奪権運動、政治闘争である
「革命」を生きた人に
背負わされたものは
その後の人生を歪めてしまう
私の母 花順《ホワシュン》は
そんな人だった
1957年
中国 北京《ペキン》

人民公社の管理下にある
北京郊外に花順《ホウシュン》さんは生まれた
花順《ホワシュン》さんが物心ついたとき
男は労働力として狩りだされ
周りは女子供しかいなかった
妹
女と子供と
老人それぞれ
分かれて
暮らしてたけど
私の母は
更に離れた家で
暮らしてた
中医院
ゴミだらけの狭い家には
片腕のない女性と
花順《ホワシュン》さんの母親が住んでいた
女性が所持する箱の中には
英語と日本語の本があった
New York
毛沢東《もうたくとう》様
万歳
毛沢東《もうたくとう》様
万歳
汚物のにおいがする狭い家で
本を読む時間が
花順《ホワシュン》さんの楽しみだった
どうして毛沢東《もうたくとう》様は
そんなに偉いの？
？
New York

毛沢東《もうたくとう》が主導した『大躍進政策《だいやくしんせいさく》』は1958年から続き、従事した人民の多くは餓死・事故死した

資料提供：はるきさん

※紅衛兵…
文化大革命時期に毛沢東によって動員された全国的な学生運動の支持者

この世界には色々な人がいます
社会 一年級
毛沢東《もうたくとう》の政策で餓死者が出ましたが…
バーー！
劉少奇《りゅうしょうき》の政策で現在は復活しています
紅衛兵《こうえいへい》は富裕層や知識人を狙って暴行を働いていた
毛沢東《もうたくとう》を崇拝し名言集を掲げる紅衛兵《こうえいへい》は各地に発生
社会の先生死んじゃった
暴行を働く理由は「劉少奇《りゅうしょうき》の支持者ではない」ことを示すためなので彼らにとって正義である
劉少奇グループの支持者やそれに反するものを壊してまわった

取材協力　趙凱論さん・クロさん

社会の授業
どうなるんだろうね
おい
教えを言え
えっ………
えっと…
まだ暗記して
いなくって
物覚えの悪いガキだ！
お前の親は
劉少《りゅうしょう》奇《き》の支持者だな！
ちが……！
じゃあ全員
連れてこい！
親と祖父母に
暗唱《あんしょう》させる！
北京では赤本の内容を
子供が暗記しないと親、祖父母が殴られ
「資本主義寄りの思想を持っている」と
紅衛兵《こうえいへい》に判断された場合は逮捕されたのち暴行を受ける

暗記しないと怖いよ
なんか焦げるニオイがしない？
まだ夕飯時じゃないよ
あそこだ
ザク
ザク
手伝え
手伝わんかいクソガキ
オイ待てェ
「造反有理《ぞうはんゆうり》」は謀反側や反乱者こそ正義という意味で「革命無罪」と並ぶ文化大革命で紅衛兵《こうえいへい》が掲げたスローガンだった
のちに懺悔《ざんげ》する元・紅衛兵《こうえいへい》が現れるほど紅衛兵《こうえいへい》の行いは酷《ひど》いものだった
当時を生き抜いた子供たちは現在還暦を超えている

1966年
花順《ホワシュン》さんが9歳のときに
始まった
紅衛兵《こうえいへい》による大暴動を
文化大革命と呼ぶ
お寺の餅が外来品だったことを教えたら僧侶が連れてかれちゃった
花順《ホワシュン》ちゃん偉いね! 立派な紅衛兵《こうえいへい》になれるよ!
子供のうちから紅衛兵《こうえいへい》になれば革命が正しくなるってママが言ってた
みんなが言うから正しいんだろうな
だって間違ってたら殴られるし
花順さんが赤本を暗記する頃
広場・公園などで連日のように
批闘大会が開催された
整党建党　吐故
打碎旧世界
打倒社会帝国主文
実権派や反革命分子とされた人々は
会場で壇上に引き出され
科学を教えた私が間違ってました
更生させてください
反动分子
ウジ虫が!
反乱分子はゴミカスだ!
畜生に劣る人の恥!

槍玉に上がる人に権力があるほど一族郎党が反乱分子とされ暴行を受け
自己批判ののち紅衛兵から殴打されて死に至る人や周囲の弾圧を苦に自死する人もいた
反动分子
みんなに疑われてはいけない
無実でも冤罪でも「あいつは反乱分子」と言われたら捕まる
英語が話せて貿易で稼ぐ男性
若くて勉強ができて美しい女性
真面目な料亭店主
密告を受ければ全員暴行を受けた
反动分子
正義でしょう
殴られないことは正義でしょう
みんなの前で殴られて謝罪したくなければ
みんなの前で犯されたあと犯されましたごめんなさいと謝りたくなければ
思想に忠誠を誓えばいい

毛沢東《もうたくとう》万歳
このお店は思想を
掲げてるから
食べてもいいかな
家畜もいないのに
どういうわけか
食べるモノは
いつでも
売っていた
んまい
ゴリュ!
モゴ
ピッ

ゾボォ
うぼェェ
エブェェ
ビチャ
バチャ
ベチャ
ゲベェェ
ゴペェェ
当時は肉っていえば豚の隣に人があったのよ
そんなこと学校じゃ教えてくれない
大躍進するって毛沢東《もうたくとう》は神様だって…それしか…

虐殺と人肉食は文化大革命中に広西チワン族自治区で発生した広西虐殺が有名である

知識は平等に与えられるべきでしょう
知識人の知恵が欲しくて食べることも正義でしょう
食べ物がないから食べることも正義でしょう
文化大革命は花順《ホワシュン》さんの思春期を占拠した
革命は正義でしょう
紅衛兵《こうえいへい》同士で潰しあいが始まると毛沢東《もうたくとう》は国軍を投入し紅衛兵《こうえいへい》を制圧
数千万に膨れ上がった紅衛兵《こうえいへい》を地方の農村に送り
1977年に終結宣言が出されたとき
花順《ホワシュン》さんは20歳だった
その後中国は劉少奇《りゅうしょうき》の政策で経済大発展を遂げる

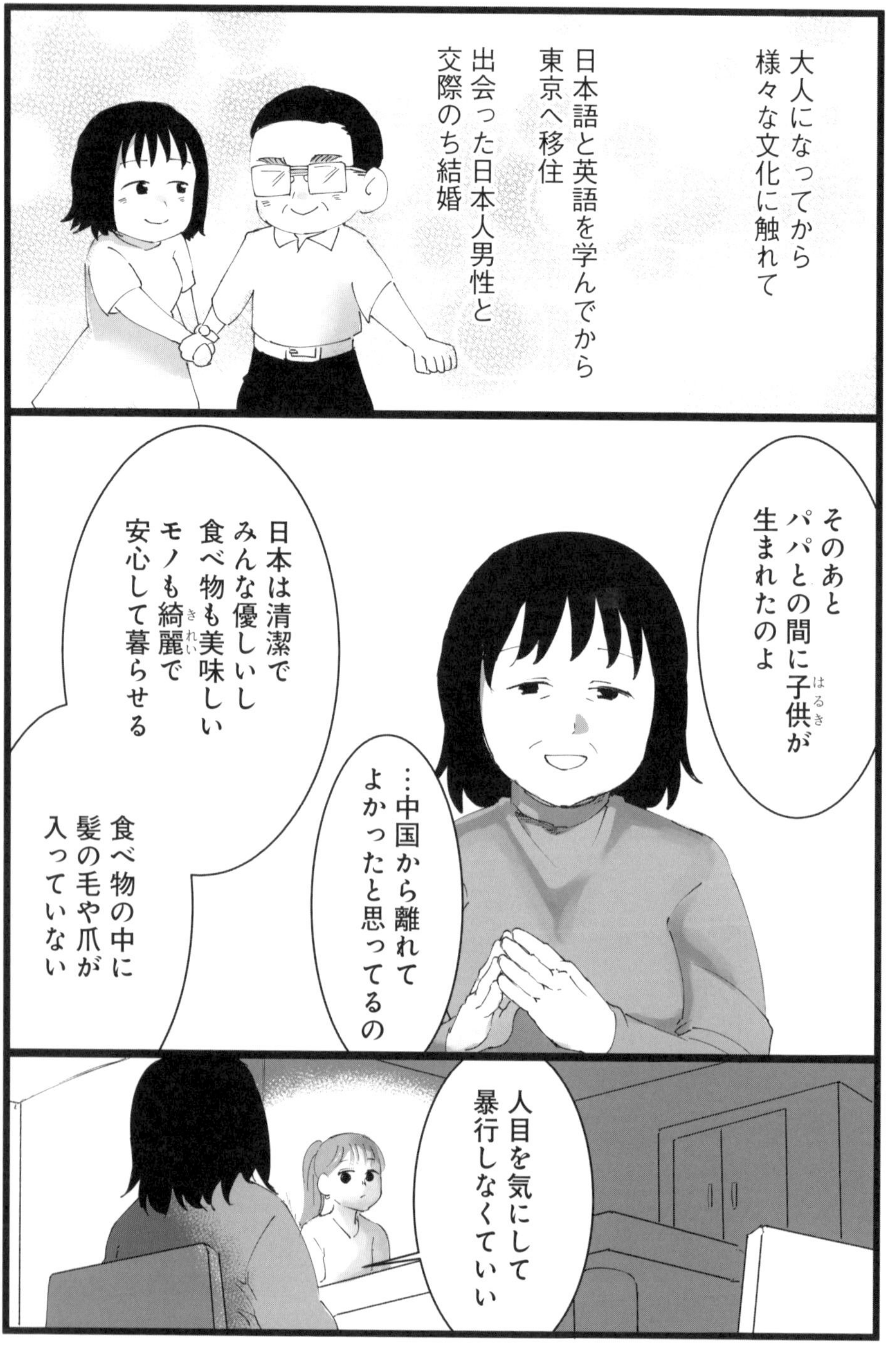
大人になってから様々な文化に触れて
日本語と英語を学んでから東京へ移住
出会った日本人男性と交際のち結婚
そのあとパパとの間に子供《はるき》が生まれたのよ
…中国から離れてよかったと思ってるの
日本は清潔でみんな優しいし食べ物も美味しいモノも綺麗《きれい》で安心して暮らせる
食べ物の中に髪の毛や爪が入っていない
人目を気にして暴行しなくていい

実際に見ないとわからないかもしれないけど
思想を蹂躙《じゅうりん》されると身体の内側から切り刻まれていく
崇拝を強制することは知識に対する凌辱《りょうじょく》よ
あれは革命なんかじゃない
毛沢東《もうたくとう》信者による中国人虐殺
革命はただの暴力よ

だから私は日本は良い国だと思うし
暴力を振るう人がいない環境は素晴らしいと思うの
って言ってたけど私のこと殴る蹴るし罵倒するし
何がきっかけでキレるかわからないしキ●●イとしか表現できない母親だった
花順《ホワシュン》さんの娘
小笠原《おがさわら》 はるきさん
我操的你妈的屄
傻逼!!
我操你
スイッチでもなんでもなくくちぐせ
おかあさんスイッチ
「ち」ちゅうごくご

日本語訳…
マザーフ●ッカー
キ●●イ
ひっぱたくぞ

ガチャ
ただいまー
おかえり
はるきちゃん
ギュッ
世界で一番
大好きよ
ガチャ
ただいまー
なぜかキレてて
殴られる
これを毎日
ランダムで
ループする
父がいるときは
何度も助けられたが
ぐすっ
ぐすっ
はるきは
子供だぞ!?
殴るのも蹴るのも
駄目だ!
母の暴力が
止まることはなく
母は気分で
怒り狂った
優しいときも
あったから
混乱したよねー

スイッチ自体は
どこにあるか
不明だけど
家にカギ
忘れちゃった!
はるきちゃん
どうしたの
戻ってきて
忘れ物?
何を忘れたの?
家のカ…
フル
フル
フル
何かが出てくるのを
抑えるように
顔を横に何度も振る
ダメよ
ダメ
ダメダメ
ダメ
フル
フル
フル
フル
家のカギを
忘れちゃっ
ゴッ
プギャ

どうして
ママのいうことが
きけないんだ！
土下座しろ！
ギェエエエエ
傻逼
我操你
うっ
う、
お母さんのスイッチは何だったんだろう…
不明
気になっただけなんだけど
出てくるって表現したじゃん
キレてるお母さんと普段のお母さんは別人だった？
人が変わったように怒るけど同じ人だね
絶対謝らないとこは共通してたから
あと…
母が謝らずキレる

資料提供　はるきさん

この人は物凄く悪い人
それはよく教えてくれた
母が持っていた毛沢東《もうたくとう》語録は林彪《りんびょう》の名前がペンで塗りつぶされていた
握，就会变成无穷无尽的力量，变成威力无比的精神原子弹。《毛主席语录》的大量出版，对广大群众掌握毛泽东思想，推动我国人民思想革命化，是一个极为重要的措施。希望每个同志认真地，刻苦地学习，在全国范围内，掀起活学活用毛主席著作的新高潮，在毛泽东思想的伟大红旗下，为把我国建设成为一个具有现代农业，现代工业，现代科学文化和现代国防的伟大社会主义国家而奋斗！
一九六六年十二月十六日
3
毛沢東語録
1989年の事件についても当時母は既に日本国籍を取得し父と結婚しているけど
文化大革命を風化させないために国内で色々活動してたみたい
まあその裏で私はボコボコにされてたんだけどね！

何かでキレて注意されても
母親は絶対に謝らなくて
私は間違ってない
絶対に悪くない
そう言い続けて
気が済むと
ケロッとしてる人だった
いるよねー
どれだけ自分が悪くても
絶対に謝らない人…
母親が
一度だけ
謝ったことが
あったんだよね
はるきちゃんが
小学5年生のある日
キョー
もういい
中国に帰る！
お父さんも
はるきも
知らない！
ハッ…
バッキョオオ

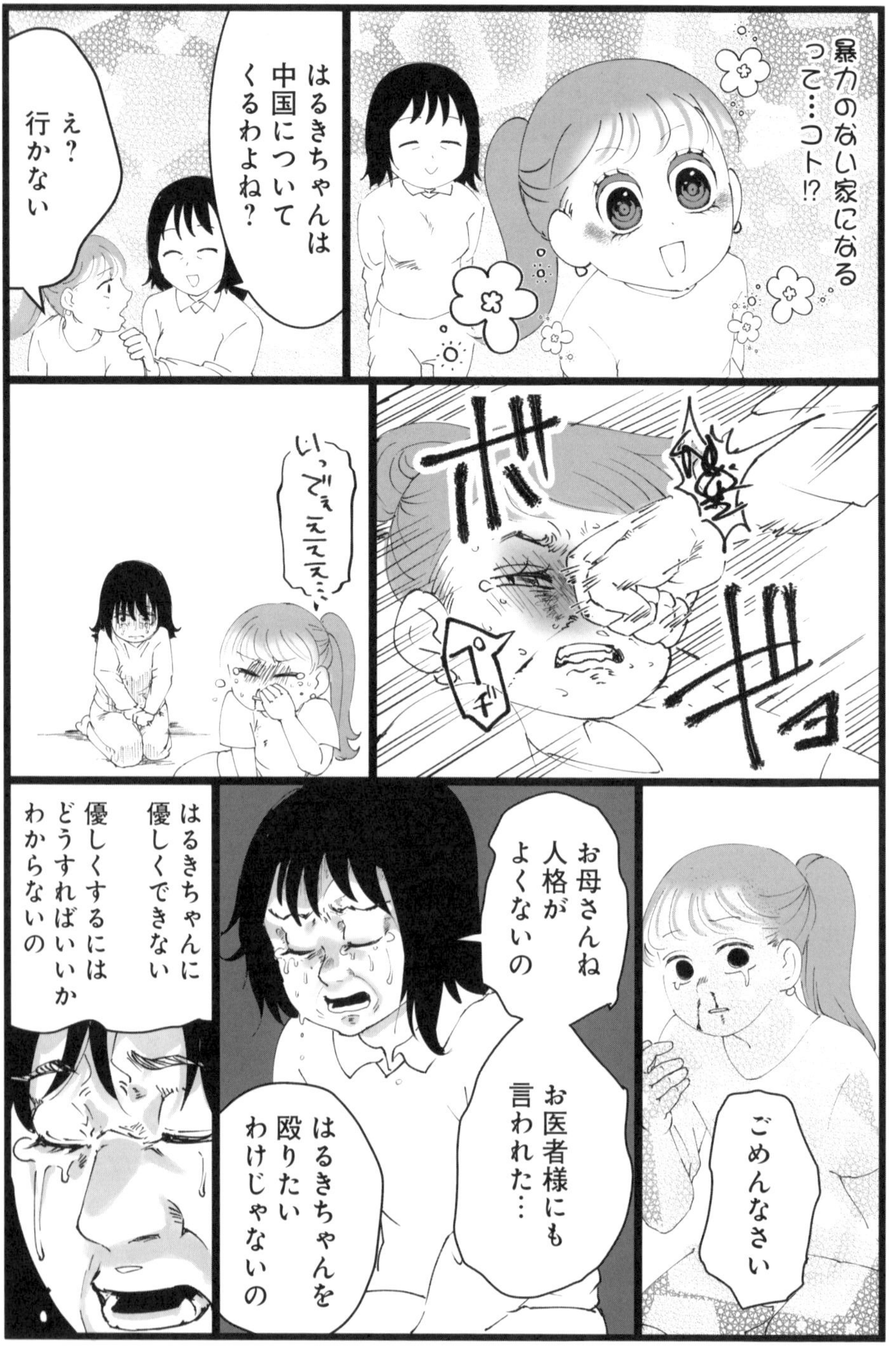
暴力のない家になるって…コト⁉
はるきちゃんは中国についてくるわよね？
え？行かない
ボゴ
ガッ
ギョ
ブチ
いっでぇぇぇぇ…
ごめんなさい
お母さんね人格がよくないの
お医者様にも言われた…
はるきちゃんを殴りたいわけじゃないの
はるきちゃんに優しくできない
優しくするにはどうすればいいかわからないの

あの瞬間だけは
ママかわいそう
って
心底思った
それは今でも
思う
中国に連れて行かれ
日本人学校に入学
母の虐待は
エスカレートした
母親からの暴力を
一身に受けていた時期は
思い出すことも困難だという

中国からは1年で帰国したけど…
優しくできない
どうすればいいか
わからない
だから暴力を振るわずにはいられない
そうしないと私を肯定できない
心を成長させる機会がないまま大人になった人だから
娘の成人式前に「なんで産んだか覚えてない」とか言うし
母親が日本とアメリカで重婚してたときも
そのせいで年金を余計に払って面倒なことになったときも
父親が亡くなったときも労《ねぎら》いの言葉ひとつもなかった
母親のことを許す気はない
でも


情報量の多さにつき詳細省略

母親の生い立ちのせいで私が殴られないといけない理由はどこにもない
あの人は国と時代から逃げるのに精一杯で自分を愛するなんて概念知らなかったんだろうし
自分を愛することが難しい人が子供を愛せるわけなかった
子供を愛さない親なんていない…なんて綺麗事はもういい
私は私を愛することで人生を歩んでいく

英国・臨床心理士ロドリック氏の論文
“Psychological Trauma-What Every Trauma Worker Should Know”
（心的外傷－全てのトラウマ・ワーカーが知るべきこと）より

どの反応が即座に出るか
それはその人の
生育環境が関係している
という
私は戦う・逃げるの
二択
私はフレンドリーが
多かったけど
大人になってからは
逃げる
戦う
はるきちゃんの母親の
生育環境は
迎合しか許されない
時代という牢獄に
監禁されたようなものだ
89年6月4日
門事件
あまり知られて
いないことだけど
精神疾患を発症した上で
PTSDが重症化すると
治療困難になることに加え
重度の
境界性・自己愛性
人格障害を引き起こす
はるきちゃんの
お母さんは
おそらく…

暴力を受けた子供は
暴力を振るうようになる
性的虐待を受けた子供は
性依存・嫌悪になる
被害者は簡単に
加害者になる
なぜなら人が傷つく方法を
身をもって知っているから
人は一人で痛みを
背負えないから
虐待を虐待と
認識できない人の正体は
かつて人権を
蹂躙《じゅうりん》された子供
虐待を受けたことを
認めることが辛《つら》すぎて
加害の道へ走る人は
少なくない
トラウマに対して
脳が反応処理をする
ということは
昔から人類は
脅威と戦ってきた
ということ
それほどに
恐ろしいものが
なぜ今になっても
残されているのか

今は
PTSDやトラウマを
治療するクリニックや
病院が増えてきているし
心に傷を負った人は
適切な治療を受ける
ことができる世の中に
なりつつある
でもそれだけじゃ
問題は解決しない
虐待を虐待だと
認識できず
被虐待者が一人で苦しんで
何を憎んでいるか
わからなくなって
全てを吹っ飛ばすなんて
聞き飽きた

一刻も早く
忘れたいことが
脳の中を這《は》いずりまわって
消えない
普通の生活さえも
耐えられなくなるまで
追い詰められてもなお
トラウマは
逃がしてくれない
もしかして
虐待の根本的な恐怖って
最強の殺し屋に
世代を超えて
狙われる恐怖なんじゃ
ないか？
ガチャ

私を狙っていた最強の殺し屋はそれはもうしつこくて
時間をかけて正体を割っていったけど消えてはくれないので
長い時間をかけて話を聞き続けたら殺し屋をやめた
被害者は孤独のドン底に叩き落とされた先で簡単に加害者になる
自分が傷ついたことを他人にすれば可視化されて自分だけが傷ついた事実が和らぐから
一番手っ取り早い怒りの解消法だ

とうの昔に
セックスレスになった夫婦の
唯一の遊び道具として
生きてきたのもわかってる
愛されないことも
最初から知ってる
友情婚の親のもとに
偶然できた子供で
家督《かとく》のために生かされてるのも
気付いてるから
せめて友達が欲しい
高校生の私よ
一番やりたいこと
何？
両親《あいつら》を殺して
一人になりたい
あいつら
もう捨てたよ
そっか
よかった

人は子供であったことを
覚えていないと
生きていけないとしても
傷つく人を減らすために
今いる被害者を
救うことから
始めないといけない
虐待の連鎖が根深く
続いていたとしても
どこかで
断ち切らないといけない
人間が人間である限り
トラウマと向きあって歩んだ先に
人生の正解が見えてくるんだと
思う
この漫画を描くにあたって
言われまくったことがある

詳しくは『生きるために毒親から逃げました。』（イースト・プレス）
で描いています

なんでこれ描こうと思ったんですか？
この言葉のあとには「なんで今まで描かなかった」「今さらのことを描くのか」両方ついた
私が今さら家族のことを思い出すなんて正直おかしな話である
両親と法的にも物理的にも完全に絶縁していて会うこともない
なんで祖父のことをこんなにも覚えているのか……
いつか私も全てを忘れる祖父と同じように
名前は一生もんだからね

男の子の名前ばっか考えてるけど女の子だったらどうするの？
いま平成でしょ…
ヒサエ　サザエ
ウメ子　ノブコ
ナオコ
ヨシコ
タカコ
キヨエ
寿子
私のセンスが古すぎる
女の子…ええ…女の子…うーん思いつかない
あっ親父ちょっといい？
あ？
子供の名前で何か良い案ある？
椿《つばき》！

ああ〜
椿《つばき》…
いいわね！
椿《つばき》なら
どっちでも
いけるね
よし！この子は
椿《つばき》だ！
ああ何だ？決まったの？
もういいのか？
結婚15年目の夫婦のもとに
生まれた私は椿《つばき》と名付けられ
幼少期から
心理的虐待を受け続け
睡眠障害を起こせば
未成年飲酒を強制され
アレルギーを覚えてもらえず
アナフィラキシー症状で
死にかけたり
跡取りを産むための人工授精や
養子縁組を拒んだ結果
絞め殺されそうになったり
両親と呼べそうにない
怪物ふたりの手によって
20年かけて何度か
死にかけることになるのだが
お前はこの家の跡継ぎで
婿《むこ》を貰って子供を産んで……
なんだお前
そんなこと
教えてるのか
そういうことは
椿《つばき》が決めるんだぞ
戦争で人権を蹂躙《じゅうりん》し
そして自らも蹂躙《じゅうりん》されていた祖父は
守られるべきものを知っていた

家族とは
血のつながりではなく
なにがあっても
最後まで 味方でいる
人たちのこと
ならば私の家族は最初から祖父のみだったのではないか
「尾添《おぞえ》家の跡取り」
「跡取り長男の第1子」
「ウン代目当主の子」
ではなく
おじいちゃん
「椿《つばき》」を見た祖父は
今でも
私の記憶にいる
トラウマ治療が
ひと段落した私の
「味方」の記憶として
たしかに残っている
誰かの味方でいられる
優しさが少しでもあれば
負の連鎖は
断ち切れるのかもしれない
fin.

# 第四話

# 単行本描きおろし

――渡辺《わたべ》ヤスシ

取材元：晝馬《ひるま》このえさん

なぜ人は繁殖能力が備わり
親になり
子を育てるのか
コーコー
なぜトラウマさえも
親から子へ
受け継がれるのか
渡辺《わたべ》さん
面会です
ザ
ラッ
このえ
どういう
風の吹き回しで
お前が来るんだ
冥土《めいど》の土産
増やしにきてやったんだ
感謝しろ
クソジジイ

私の祖父 渡辺《わたべ》ヤスシは
北陸地方で生まれ
家族で満州に渡り
満洲移住協會
ソ連兵が
来てるって
いつ帰れるの
このままじゃ…
絶対に嫌
詳しいことはわからない
戦争終結の大
新爆弾の
帝國
幼少期に
戦争で家族は散り散りと
なった
引揚者を
受け入れる地域に
移住するまで
学校には通えず

小学校に通えたのは
中学年からだった
小学1年
さんすう
祖父は自分の努力で
勉強し
高学歴まで上り詰め
電気通信事業を
営んでいた
公共企業へ入社する
日本電信電話公
戦後に生まれた子供は
戸籍や住居の都合上
学校に通えない子供が多く
仕事と言えば
一次産業または
違法スナック店の時代だった
居酒屋
あきもり
ほとんどが中卒だから
賢い奴が少ない
学歴がある奴は重宝されて
すぐ出世できた
働けば働くほど
稼げる時代だった
苗字
なんて読むの？
渡辺
わたべ
同じ字でも
わたなべって読む
人もいるけどね
円

ヤスシさん
自分の名前書けるの!?
私は書けないから
憧れちゃう!
街にありふれる
違法スナック店で
出会った
女性と結婚
ふたりの女の子に
恵まれた
私は小学校を
途中でやめたから
躾《しつけ》も育児も
よくわからないの
言うことを
きかせるのが
大事なんだ
勉強しろ
イヤー
やだ!
遊びたい!
ゴッ
ズッ
え、
え

勉強しろって
言ってんだろ
ゴミクソが!!
祖父は
非常に厳しい性格だった
躾《しつけ》と称した
体罰は重く
ふてぇガキだ
なんだこの成績は
パッ
サッ
バカの首は
こうだ
ボキッ
長女——私の伯母は勉強ができたため
期待され厳しく躾《しつ》けられた
ほかにも

祖母は子供を連れて一度離婚しているが
自分の名前も書けず学も飯の種もない祖母は
戻ってこい
その一言で戻り
同じ墓には入れないでほしい
その一言を残した
冬でも家から締め出され怒号とともに火箸で殴られ
勉強ができないと教科書を捨てられたり鉛筆を折られ
お前ら勉強しとけよ
母さんみたく仕事に困りたくないだろ
祖母が小卒なのは時代や環境に無関心な大人の問題であり
祖父が高学歴なのは運よく引揚先が炭鉱で栄える街で高等教育に届く金があったからで
わかったらやることやれクソガキ共!

98
76
61
95
もういい
子供だと躾けた
俺が悪かったよ
春まで眠ってろ
ボケが
ザッ
大丈夫？
ざっ
ざっ
母は語る
…お父さんは
私たちを殺したとき…
初めて愛してくれるんだよ
伯母が教育虐待を受ける間
母は非行と自傷に走った
つまり

母の精神の成長は虐待によって止まり
親から逃げるように家庭を作ったが自身の能力が足りず支えきれなかった
このえのアソコ触らせてくれなきゃ凍死してやる
ドン
やめて触らないで
家が見つかるまで従兄弟と暮らしてなさい
父と早くに離婚し
今いい人いてさあ
[redacted]だけど
資産家の息子でさあ
お金あるしデキ婚したいんだよね
母親だけの家庭だったときは酒に酔った母の話し相手をしたり
その結果放置児で年子の3人兄弟で育った
代わりに家事をしたり
兄弟の世話をしていた
ねぇなんで

自立できていないまま
歪《ゆが》んだまま
親は子供にストレスのはけ口や労働力などを求めて
親としての責任を放棄したの？
親から子に及ぼす悪影響があるってわかってたら殴ったり蹴ったりしなかった？
道路でトラック横転　4人ケガ
市在住
渡辺ヤスシ(88)、明杜信夫(55)
市在住
グエン・テ
渡辺ヤスシ(88)
私…再婚してこの県に越してきたの
じいちゃんがここにいるのを知ったのは偶然…
こんな老いぼれを訪ねる理由は何だ？

自分の人生が上手くいかなかった理由を俺に押し付けたいだけだろう
そうだよ
そうだよ！
何が良くて何が悪いのか教えてくれる大人は誰もいない
母さんが少しでも愛されていれば違ったはず…！
まともな大人なんて一人もいなかった
なのに大人になった途端子供の頃の仕打ちは忘れろみたいな言い草は
加害者にとって都合がいいだけじゃん！

これが家族なのなら
血のつながりなんて
呪いでしかないと思う
この呪いを
かけたのは…
全部
俺のせいか？
なんで被害者ぶるんだよ
母さんも伯母も
ブン殴ってたくせに
すまないことをしたと
思うけれど
じゃあ他にどうすれば
よかったんだ
誰も教えてくれないじゃないか

はぁ…？
子供の言い分かよ
子供が親になっちゃいけないでしょ
子供にトラウマを投影させて再体験と再演をしながら育てる
子供は親に従うしか生きる術《すべ》がない
呪いだ
なんの呪いだ
親のトラウマを消すために生きてしまうという呪い

この呪いを
解くには
どうしたらいい
持たなきゃいい
じいちゃんはなんで
家族を持ったの
呪いを解くために
必要だから
は…？
自分が良ければ
それでいいのかよ
人は親になり
子供という生贄《いけにえ》を差し出し
親や戦争のトラウマを
押し付けて
浄化させることで
人は初めて傷を癒やす
このえは違うのか？
自分が苦しくなきゃ
母親のことなんか
見向きもしなかっただろ

家族なんか持たなきゃいいそれが俺の答えだ
俺も…親を見て何度もそう思ったさ…
…じいちゃん頭いいの本当なんだね
耄碌《もうろく》してなくて悪かったな
理屈はわかったけど同意はできない
子供は…誰かに許されるための存在じゃないでしょう
みんな呪いのために生きてるわけじゃない
生贄って何
親のトラウマに
私の心に子供自身は立ち入らせない

私から
生まれた子供は
私じゃない
何かを得るとか…
そんな考えで
親になったりしない
親になるってことは
与える側になること
自分のトラウマに
向き合わず
悪循環しか
生みだせないのに
親になって
無責任
母さんから生まれた
私も生贄じゃない
母さんは
生贄じゃない

生贄にされたとしても
そこから這いあがって
何度でも
諸悪の根源を
追い詰めてやる
何のために
そんなことするんだ
私のため
この子が
私の子供が
生贄なわけあるか
こんなに
可愛いのに

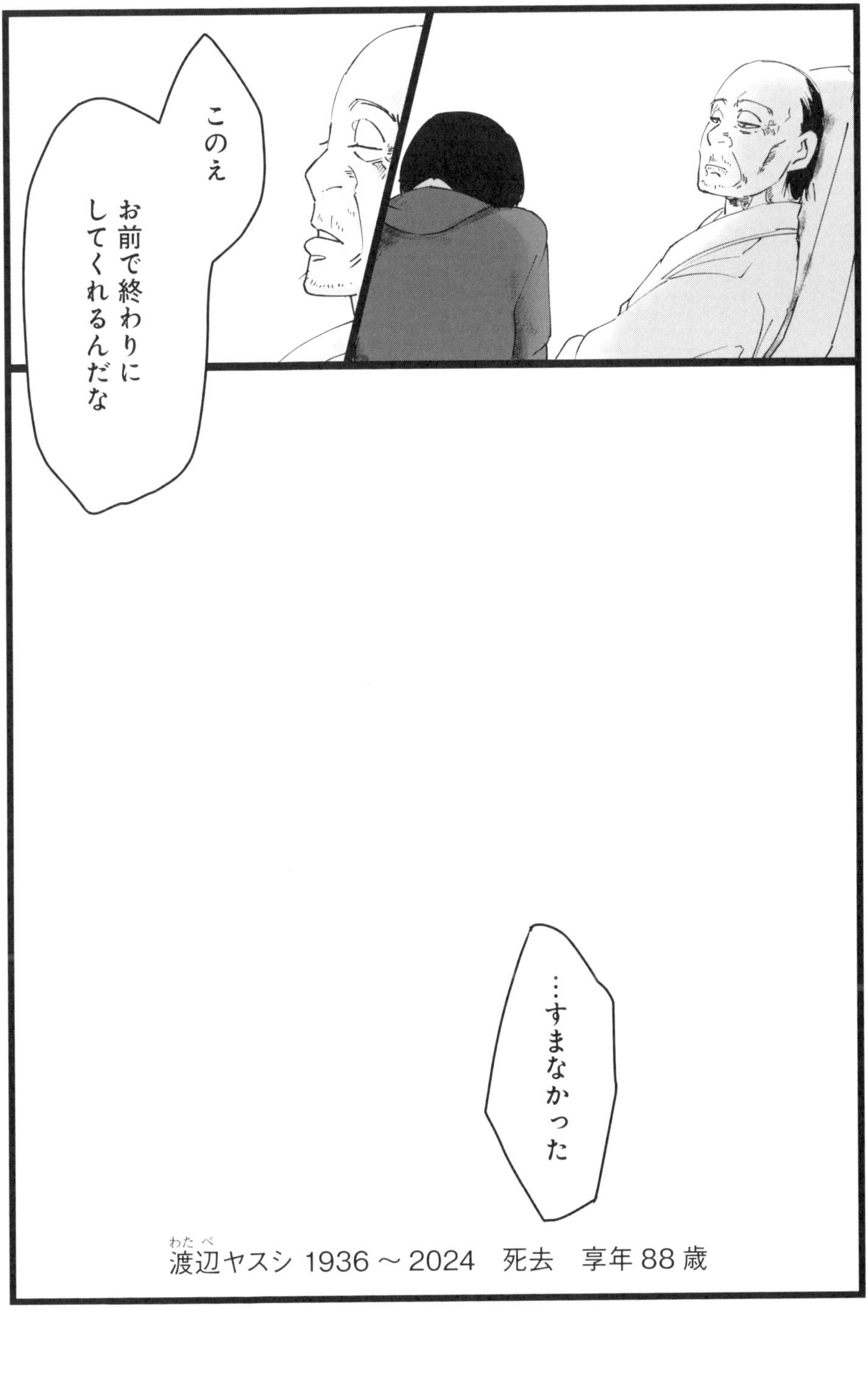
このぇ
お前で終わりにしてくれるんだな
…すまなかった
渡《わた》辺《べ》ヤスシ 1936～2024　死去　享年88歳

# あとがき

２０２１年に一冊目の単行本『生きるために毒親から逃げました。』（イースト・プレス）を出したときは、まだ虐待してきた両親のことを心の底から憎んでいました。

怒りと憎しみで凶行に走りそうなほどでしたが、分籍し物理的に離れ、漫画の執筆と並行してトラウマ治療を続け、今では「親？　昔いたよ！」くらいに収まっています。

もしも治療をしていなかったら、祖父のように蹂躙《じゅうりん》の記憶に追いかけまわされ、御子柴さんのように軽侮《けいぶ》と抛棄《ほうき》を抱き続け、花順《ホワシュン》さんのように暴力を振るい、渡辺さんのように呪いをかける人になっていたのは想像に難《かた》くありません。

両親に心理的虐待を受け続けた私は、子供時代の殆《ほとん》どを自問自答と自責と孤独に向き合いながら過ごしました。

手に届く範囲に娯楽があり、そこから人との関わり方や自己分析をしていけた運の良い子供だっただけで、負の連鎖を受け取る子供としては確かなポテンシャルを持ち育ちました。

２０２２年に三冊目の『そんな親、捨てていいよ。』（ＫＡＤＯＫＡＷＡ）を出したとき、「この世から毒親を一人残らず駆逐《くちく》するまで漫画を描き続ける」と言いました。

本書についても、その意図に変わりはありません。本書には政治的思想も根底にありませんし、「戦争反対」や「差別反対」の意図で描いた啓蒙《けいもう》漫画でもありません。

執筆にあたり、色んな方へ取材をしました。

中でも印象的なのは、１９５０年代の北京で生活していた二名の中国人。

二人とも好意的に取材に応じてくれたのですが、いざ謝礼をとなった段階で「取材内容は仮名で通してほしい。私が言ったということだけは、それだけは絶対に伏せてほしい」と言い残し、謝礼を受け取らずに去って行きました。

二人とも、何かに酷《ひど》く怯《おび》えていました。

人は理不尽に遭えば精神が狂います。誰しもです。

自分の弱さを認め、環境の不幸さを認め、助けを求めることを世間は美徳としません。

なんでだろうと考えていったとき、世間に浸透した「自己責任」の概念に気付きました。

自分が悪いと片付けるのは簡単ですが、自業自得という思いは重ねるほどに他人にも強《し》いたくなります。

全て自分ひとりのせいに出来るわけがないからです。「人間は全てのことを自分ひとりで出来る」という傲慢さを、私たちは世間の「誰」に「なんで」押し付けられたのでしょうか。

私は二人の中国人を追いかけることはできませんでした。

二人が怯えている理由が、痛いほどに分かるからです。

あの二人と同じ怯え方をしながら、祖父は亡くなっていきました。

整えられたベッドの上で、衰える肉体に張り付いてしまった蹂躙と恐怖の記憶に苛《さいな》まれながら、多言語でメモを走らせ、ＰＴＳＤによる衰弱で生涯を終えました。

養家で日本刀を突き付けられながら虐待され、戦争のＰＴＳＤの症状に悩まされ、死の間際になっても追いかけてくるトラウマという最強の殺し屋をどうにもできず、孫の私に戦争体験を伝えた祖父に必要だったのは、心的外傷後ストレス障害を診《み》る環境です。

言葉狩りをせず、思想を狩らず、まず話を聞く場所や精神医療がもっと普及してほしい。

目に見えない負の連鎖に苦しんで、様々な問題と向き合って対処しないといけない場面で精神医療へと繋がる道が増えてほしい。

その思いで描きました。

取材をさせていただけた方々、担当Sさん、読者の皆様に感謝。

「家族ってなんだ？」その問いに自信満々に答えられるようになっても、漫画を描き続けていたいです。

２０２４年８月某日　尾添椿

**尾添椿**　おぞえ・つばき

漫画家。１９９３年生まれ。東京都中野区出身。幼少期から両親に心理的虐待を受け続け、成人後に分籍、住民票の閲覧制限を実行。その体験を漫画にしてＳＮＳに投稿したところ、大きな反響があったことからエッセイ漫画を描き始める。『生きるために毒親から逃げました。』『こんな家族なら、いらない。』（ともにイースト・プレス）、『そんな親、捨てていいよ。』『それって、愛情ですか？』（ともにＫＡＤＯＫＡＷＡ）など著作多数。

# 私《わたし》たちに「戦後《せんご》」はなかった
## 日常《にちじょう》を戦場《せんじょう》にするPTSD

2024年10月30日　初版第1刷発行

著　者　尾添椿
装　丁　市川さつき

発行者　三宅貴久
発行所　株式会社　光文社
〒112－8011　東京都文京区音羽1-16-6
電話　編集部 03-5395-8289
書籍販売部 03-5395-8116　制作部 03-5395-8125
メール　sinsyo@kobunsha.com
落丁本・乱丁本は制作部へご連絡くだされば、お取り替えいたします。

組　版　新藤慶昌堂
印刷所　新藤慶昌堂
製本所　ナショナル製本


ISBN978-4-334-10449－8